GET
DIGITAL
OR DIE TRYING

数字化涅槃

[瑞典]　阿拉什·盖伦（Arash Gilan）
　　　　乔纳斯·哈马贝格（Jonas Hammarberg）　著

慕兰　啸程　王璠　译

中国广播影视出版社

图书在版编目（CIP）数据

数字化涅槃 / (瑞典) 阿拉什·盖伦, (瑞典) 乔纳
斯·哈马贝格著；慕兰，啸程，王璠译. -- 北京：中
国广播影视出版社，2024.3
　　书名原文: GET DIGITAL OR DIE TRYING
　　ISBN 978-7-5043-9203-9

　　Ⅰ. ①数… Ⅱ. ①阿… ②乔… ③慕… ④啸… ⑤王
… Ⅲ. ①信息经济－经济发展－研究 Ⅳ. ①F49

中国国家版本馆CIP数据核字(2024)第031702号

数字化涅槃

［瑞典］阿拉什·盖伦（Arash Gilan）　乔纳斯·哈马贝格（Jonas Hammarberg）　著
慕兰　啸程　王璠　译

策　　划	颉腾文化	
责任编辑	王　萱　彭　蕙	
责任校对	张　哲	

出版发行　中国广播影视出版社
电　　话　010-86093580　010-86093583
社　　址　北京市西城区真武庙二条 9 号
邮　　编　100045
网　　址　www.crtp.com.cn
电子信箱　crtp8@sina.com

经　　销　全国各地新华书店
印　　刷　涿州市京南印刷厂

开　　本　880 毫米 × 1230 毫米　1/32
字　　数　225（千）字
印　　张　9
版　　次　2024 年 3 月第 1 版　2024 年 3 月第 1 次印刷

书　　号　ISBN 978-7-5043-9203-9
定　　价　69.00 元

引言 | INTRODUCTION

人们往往喜欢"自相矛盾",这个词最能描述我们所处的数字世界。即便我们并不太理解这个世界怎么就变得越来越数字化了,或者是为什么要数字化,但在这个世界里,明显对立的两面却能以某种方式完美地融合在一起。比如,我们越是数字化,就越重视人,特别是人性本身——这些元素永远无法被取代。于是,矛盾的两面就这样统一起来——在数字化时代人应当还是人,而机器人应当去做的是人类不想去从事的工作,这正是本书所探讨的核心。

在撰写本书之际,我们刚刚结束了对加州硅谷一些公司的走访,此行非常令人激动。在这个可能被称为数字革命引爆点的地方,我们探讨了数字化转型以及当下正在经历的变化——当今世界只有变化是唯一不变的。

一切都在变化,而且是以人类前所未有的速度在变。与此同时,我们可能永远不会再经历像今天这样"慢条斯理"的变化。

若干年后,当我们的孩子回顾今天这段历史时,他们可能会说:"想想吧,你体验到的可是数字化转型黄金时代的开始!"这正是一个人对数字化应当抱有的态度:了解并理解我们今天所处的位置。我们正处于一个迷人的数字革命时代,数字将整个世界迅速连接了起来。然而,这种变化也是一种挑战,因为写一本关于数字化的书非同寻常,其中的一些想法可能在书出版时已经过时了。我们甚至不能确定"数字化"这个词还能保留多久,其发展速度本身恰恰给我们的数字世界带来了巨大的益处。

还记得那天，在帕洛阿尔托（Palo Alto）的威尼西亚咖啡馆（Café Venetia），当我们结束了最后一次会议后沿着大学街漫步时，突然发现一个机器人站在我们面前。

那机器人说道："嗨！我是鲍勃。你叫什么名字？"然后，它把我们带进一个满是机器人的商店。

你看，这一切就在眼前，这一切正在发生。我们必须习惯这样的世界。未来，我们永远不会像今天这样仅仅接触到"少得可怜"的技术。

其实，作为本书的两位作者，我们自己也是矛盾体，代表着两代人，两种不同的文化背景，两种不同的观点。然而，我们对数字化都抱有共同的激情：多年来，我们致力于不同的数字领域工作并发表与数字化相关主题的演讲，演讲的主题从数字领导力到数字媒体与营销。后来，我们因一次偶然的机会相遇，真可谓相见恨晚，彼此都迅速意识到我们怀有共同的雄心壮志——帮助人们了解数字世界，并帮助他们在其中实现自己的梦想。

这本书正是基于这样的想法而出现的。实际上，数字化领域的知识缺口巨大，需求旺盛且紧迫。数字化进程将以更大规模、更快速度向前发展，而这些变革将影响到我们所有人。因此，我们每一个人，每一位董事会成员、企业管理者、雇员和家长都面临着两个选择：要么掩蔽门窗与世隔绝，待数字风暴平息下来再出去观望；要么欣然接受这样一个现实，那就是我们今天生活的世界，明天会大不一样。

有预测表明，今天职场上 50% 的工作岗位到 2030 年将会消失。不过，这并不预示着大规模的失业，而是某些职业将被数字技术取代，另一些新的职业将会出现。我们可以用以下三个特点总结数字化转型：

1. 一切可以被数字化的东西都将被数字化。

2. 所有被数字化的东西都可以被复制。

3. 所有可复制的东西都会失去价值。

越来越多的行业正在经历这种情况，从出版业到零售业，从银行业到咨询业。我们已经认识到数字化将影响到每一个人，问题是，我们应当如何对待这一认识。

要在数字化转型中茁壮成长，我们认为企业需要关注以下七件事：知识、能力、顾客导向、沟通、情感触动、文化、聚合。接下来，让我们从这七个方面来解读数字世界。

★ 知识

大多数事物以知识开始，以知识结束。通过这本书，我们希望你既能了解数字化的知识，又能对其原理有所理解。在过去的时代，"知识就是权力"，这往往是传统的等级制度的基础。在这种制度下，其预期是高级别的管理者比低级别的管理者掌握更多的知识，同时他们有特权了解到有关公司运作的综合知识。例如，首席执行官对整个组织有全盘通透的了解，而部门主管往往缺乏这种整体知识。在工业时代，标准化与效率是重中之重。

在数字世界，权力基础已经转移。现今，谁需要知识，就总能想办法获取。现代组织意识到让人们公开、透明、全面地了解组织状况的重要性。与此同时，知识的获取变得就在一键之间。其结果是什么？知识不再是硬通货，不再是独有专享的东西，而是可以被所有人取用的。一切数字化的东西都可被复制，而一切被复制的东西都将失去其价值。

★ 能力

能力不同于知识。在知识满天飞的世界里，重要的是谁能最好地利用这些知识。带来差距的关键不再是你知道什么，而是如何去做以及为什么这样做。能力是对一个人完成某项任务所具备的综合素质的统称。在能力形成的过程中，如果缺乏实践，很少有人能成为专业领域的高手，而能力正是造成这种差异的主要因素。对能力而言，至关重要的是谁最擅长从"知道"到"做到"并掌握其中的方法。因此，当今世界所需要的能力还涉及数字化人才，即如何吸引到这些人才并留住他们。可以说，人力资本从未像现在这样富有价值，被时代需要的能力贵如黄金。

本书将通过阐释如何建立数字化结构、如何领导数字化转型以及如何走向可持续发展来帮助组织发展数字化事业。此外，还会提供新的理念及技巧帮助组织吸引数字化人才。

★ 顾客导向

站在顾客的角度理解数字化至关重要，毕竟，商业的根本归结于"留住顾客"。然而，在现实中这一点常被忽视。如果没有找到盈利的方式，即便是最好的商业理念也无法存活，这就要求我们扩大"顾客"的范围。鉴于数字化代表着创造利润的新方式，因此，在常规顾客之外所有买单的人都是我们的顾客。在这样一个生态系统中，各方合作共生，利益共享。

在本书中，我们将分享不同视角的有关知识，从系统到商业模式及数字营销。

★ 沟通

沟通是理解的基础。通过沟通，我们有机会理解他人并使自己获得他人的理解。随着电子邮件的问世，一些问题也随之出现。这些问题主要在于数字信息常常容易被误解。1998 年，栗田重孝创造了第一套"表情符号"，用数字化的方式沟通人与人之间的情感。然而，数字化的沟通方式与面对面的沟通效果还是不一样。在人们见面的时候，大脑会通过神经递质催产素传达出信任、温暖和同情的感觉，这种反应是通过身体互动（接触）和空间共享而发生的。凡是进行过面对面谈判的人可能都有这样的经历，那就是在面对面沟通的情况下更容易达成协议，通过电话或网络摄像头却达不到同样的效果，这取决于上述因素，也是有待发展的一个领域。随着数字会议变得越来越普遍，通过不断的学习，我们将在这方面做得越来越好。但同时，我们也不应否认，难得的面对面的会议更有价值，因为在真实会面的时候，我们可以对彼此产生最大的影响。

在本书中，我们将阐述如何通过数字化沟通在组织内部以及面向顾客／市场创造最佳的效果。

★ 情感触动

也许最重要的一点是，情感联结是数字化、自动化或机器人可能永远无法取代的东西。情感意味着人、创造性、思想、感觉、想法和梦想。从情感而言，人们往往喜欢与自己喜欢的人做生意；反之，往往避免与自己不喜欢的人做生意。然而，在一个越来越数字化的世界里，自相矛盾也照样存在。比如，我们往往在真正购买之前就得到了所有的理性信息。但是，越来越多的人在进行购买决策时从左脑的理性思维转为右脑的情感思维，在购买时凭着自己或他人的感受来做决定。这一类的个人感受和购买经历充斥着整个社交网络，成为我们做出购买决策的重要参考。

在本书中，我们将从组织和顾客／营销的视角探讨情感触动。

★ 文化

文化凝聚组织、创造能量、激发投入感与吸引力。在这个时代，知识可以被轻松获取，能力也可以被随时招募。要发展顾客导向、情感触动及沟通等要素，可以雇用专业顾问。然而，文化只能被创造、被发展、被实践。因此，在本书每一页的字里行间，讲述的都是如何发展出既适合组织本身又适合新生代员工的数字文化。

我们相信，本书传递了这样一个事实。你们的组织只有跟上数字化，才能避免走向灭亡。

★ 聚合

在数字化的旅程中，如果说文化将组织凝聚在一起，那么，聚合就是确保数字化真正发挥作用的力量。聚合意味着不同的部分"在同一个方向"对齐并瞄准同一个目的一致向前。聚合带来效率，就像透过放大镜的太阳光汇聚了所有的热量一样。我们也可以称其为目标、愿景或一幅图像。你试过在没有完整图像参照的情况下组装 1000 块拼图吗？没有这个图像，拼图的过程就会变得愈加困难。聚合正是确保每个人朝着共同愿景努力的一股力量，并保证我们实现世界级的数字化。

不同的世代——不同的视角

从企业的角度来看，数字化是一个生死存亡的问题。然而，了解不同世代的员工与数字化转型的关系也很重要。

在撰写这本书之初，我们就意识到不同世代的人在行为本能方面的巨大差异。写作的时候，乔纳斯拿起笔记本和笔，而阿拉什则打开电脑进入 Evernote。实际上这不足为奇，因为我们来自不同的年代，会本能地使用自己成长过程中司空见惯的工具工作。然而，当我们谈论数字化的时候，对不同世代的理解是非常重要的，因为伴随我们长大的东西会成为我们生活的标准。

虽然有些人将我们的人口划分为 X、Y 和 Z 三个世代，但我们选择了另一种更形象的划分方式，即数字恐龙、数字移民、数字原住民和数字阿尔法，这运用明喻和隐喻的手法概括凸显每个代际的差异。当然，我们知道，在每一代人中都有一些例外。

1. 数字恐龙——祖父母一代

作为一个概念，数字恐龙与年龄无关，而是关乎行为。数字恐龙在生活中还是使用一些现代技术的，比如说广播、电视和电话，但也仅限于此，他们使用的电话可能是智能的，观看的电视节目可能是通过卫星或宽带传输的。

在谈到技术时，数字恐龙没有什么偏好，对数字化这个概念缺乏理解，他们很保守，认为过去的日子更好。在他们眼中，数字化往往就是单纯的技术，谈不上是什么文化。

说到沟通，即使必要时他们可能会使用短信或电子邮件，但他们还是更喜欢面对面的方式。

通过对美国市场进行调查，我们才意识到居然很多人至今都没有用过互联网，其中一大批人选择不加入互联网。根据美国人口普查局的数据，在 2014 年，多达 6234 万美国人没有订阅互联网。13%的美国成年人不使用互联网。2013 年的一项调查显示，"在非互联网用户这个群体中，34% 的人没有上过网，因为他们根本没有兴趣。另外 32% 的人认为互联网太难使用（其中 8% 的人自称'太老了，学不会'）。对一些不上网的成年人来说，网络费用也是一个阻碍因素，19% 的人在调查时提及互联网服务费或购买电脑的费用这样的因素。"（在 50 ～ 64 岁的美国人群体中，有 16% 的人不使用互联网，在 30 ～ 49 岁的群体中，也有 4% 的人不使用互联网。）

2. 数字移民——父母一代

作为数字移民——父母一代，出生于 1950 年至 1980 年之间。这一代人不是在电脑前长大的，因此更喜欢印刷品，他们也可以被称为"纸质一代"。

数字化对他们来说往往意味着小工具，他们经常使用电子邮件进行沟通，但他们认为，线下实体会议仍然是最重要的。2014 年，在美国 65 岁以上的人口中，有 52% 的人每天阅读报纸，在 45 ～ 54 岁的人口中这个比例也有 32%，而在 25 ～ 34 岁的人口中却只有 20%。

3. 数字原住民——子女一代

在 1981 年至 2000 年出生的孩子是数字原住民。这一代人与电脑一起长大，互联网是他们生活的前提，他们随时在网上交流，不断适应着 MSN、ICQ（"I Seek You"，一种即时通信客户端）以及其他各种应用程序。打电话显然已经不再是他们通信的首选，因为他们随时可以使用 Skype、WhatsApp 或 FaceTime 等程序。对许多数字原住民来说，通过网络游戏和不同的玩家论坛，互联网已经成为一个自然的集合。在美国，77% 的数字原住民每天使用智能手机。在 18 ～ 29 岁的美国网民中，82% 的人使用脸书（Facebook）。

4. 数字阿尔法——孙辈一代

阿尔法一代，出生于 21 世纪，是开启了数字思维的移动一代。他们在智能手机、智能手表和智能汽车的陪伴下长大，并且通过这些事物来了解世界。面对面这件事对他们来说并不那么重要，因为通过互联网，他们可以随时随地了解整个世界。

很多有子女的家庭拥有不止 1 台计算机，甚至有 2 到 3 台计算机。据统计，83.8% 的美国家庭拥有 1 台计算机。

在富裕的美国家庭中，拥有 4 到 8 台不同的计算机和移动设备也是寻常事。

多达 92% 的美国青少年（13 至 17 岁）称他们每天都会上网，其中 24% 的人"几乎一直"都在网上。此外，有 71% 的人使用 1 个以上的社交网站。

考虑到上述情况，下面我们简要介绍一下本书的三个部分。

第一部分：数字化——是威胁还是机遇？在这一部分中，我们解释了数字化如何成为一种现象，以及如何从不同的角度看待这个问题。我们希望带你开启一段旅程，理解数字化的真正含义以及它带给人们的真正影响。我们确信，这样的理解对所有即将踏上数字化旅程的人来说都是至关重要的。

第二部分：数字化究竟是什么？这一部分主要涉及数字能力、系统和平台、数字化组织、媒体与数字营销，旨在让你了解数字技术本身以及如何利用其潜力。

第三部分：如何取得数字化的成功？在这一部分中，我们重点解释了数字化旅程的成功路径，探讨了如何领导一个组织完成数字化转型，如何妥善规划并使这一旅程取得成功，如何不仅能使数字化转型得以实现，而且能使组织生存发展，形成一种数字文化。

在本书中，我们没有刻意使用标新立异的表达方式、缩略词或是可有可无的词语，而是致力于带给你尽可能多的实用建议，力求以简单易懂的方式帮助你在数字化转型中取得成功。我们的目标是写一本内容精良的好书，而不是一本让你失去信心的大部头。我们希望在数字化方面给你有力的推动，让你在面对未来时更具数字意识与数字能量。

我们谨以本书献给正在担任某种领导角色的你，无论你是董事会成员、首席执行官、经理、重要岗位的员工还是教师或家长，也献给可能只是对这个主题充满热情的你。我们希望本书能让你更好地理解这一主题，理解数字世界究竟是怎么回事，以及如何成为一个高效的数字化领导者。看过这本书之后，无论何时只要谈及"数字化"一词，你都会充满信心。

欢迎来到我们的数字世界。

阿拉什·盖伦　乔纳斯·哈马贝格

第一部分 001
数字化——是威胁还是机遇？

第 1 章　改变一切的数字革命　002

第 2 章　从"广告狂人"到"数学狂人"　009

第 3 章　敬业度与积极性在下降　014

第 4 章　数字革命的第二次浪潮　024

第二部分 037
数字化究竟是什么？

第 5 章　世界级的数字化　038

第 6 章　内部数字化　050

第 7 章　外部数字化　063

第 8 章　自有媒体　071

第 9 章　付费媒体　088

第 10 章　免费媒体　109

第 11 章　客户体验　120

第 12 章　商业模式　　　　　　　130

第 13 章　移动化　　　　　　　　143

第三部分 ⋯⋯⋯⋯⋯⋯⋯⋯⋯⋯⋯⋯⋯　151
如何取得数字化的成功？

第 14 章　从你开始　　　　　　　152

第 15 章　引领数字化转型　　　　158

第 16 章　数字化领导力　　　　　162

第 17 章　转型的投资者　　　　　167

第 18 章　数字化转型的紧迫感　　176

第 19 章　数字化愿景　　　　　　185

第 20 章　数字化战略　　　　　　193

第 21 章　好故事与好修辞的价值　202

第 22 章　沟通并建立忠诚度　　　208

第 23 章　吸引并赋能　　　　　　217

第 24 章　跟随心流　　　　　　　226

第 25 章　数字化的生存　　　　　232

第 26 章　发展和成长　　　　　　238

第 27 章　数字化的繁荣　　　　　253

第 28 章　关于数字化的总结　　　259

后记　　　　　　　　　　　　　　267

附录　数字化术语　　　　　　　　268

1

数字化——是
威胁还是机遇？

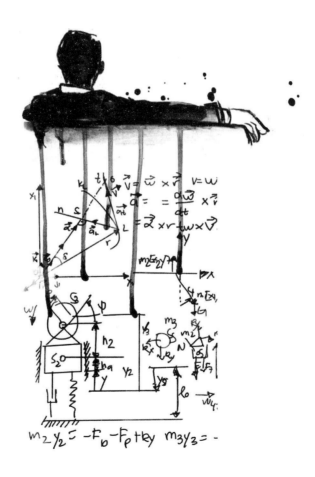

第1章

改变一切的数字革命

在数字世界，犹豫不决必将出局。

——霍华德·施特林格（HOWARD STRINGER）

　　世界变得越来越小，时间过得越来越快，我们之所以会有这样的感觉，主要是拜数字化所赐。在我们的工作中，我们早就预测到了数字革命的出现及其通过互联网的飞速发展，相信很多人对第一次使用电子邮件、第一次访问网站的体验仍然记忆犹新。然而，早在那之前，数字革命就拉开了帷幕。

　　若干年前，个人电脑进入了人们的视线。更早之前，大型计算机已经开始为人类工作。第一个企业资源规划（ERP）系统的开发，使以前不可能完成的计算任务成为可能。计算机系统的出现，让经济学家和分析师迎来了一个全新的世界，一个叫作"管理应用"的行业由此诞生。管理应用程序通过协调、引导、简化业务流程降低了成本与资本约束。我们看到，第一个 ERP 系统和第一个集成平台［电子数据交换（EDI）］致力于优化原材料供应商、制造商和分销商之间的产品流，而随着客户关系管理（CRM）系统进入市场，人们又转而去关注收入、利润及客户关系（包括现有客户以及潜在客户）。

　　然而，真正为数字世界打开大门的是互联网，并从此带来真正的改变。就对事件的反应时间（即某个事件从发生到被分析解决的时间）而言，2000 年之前，一般的反应时间为 7 天，到 2005 年，这个数字已经减少到 2 天，而今天则是以小时和分钟来计算的。

移动通信革命为数字化的进一步发展推波助澜。2007 年，苹果公司第 1 版 iPhone 手机的发布使数字化得到了极大的推动（尽管索尼爱立信早在 5 年前就曾以其创新手机 P800 进行过同样的尝试）。在智能手机真正进入市场的同时，社交媒体革命也开始登场。刚刚，我们又经历了所谓的"游戏化革命"，在这场革命中，手机游戏上升到了一个改变人类基本行为的地步。

据统计，在 2012 年，人们每天查看智能手机的次数是 150 次，而在今天，这个数字远远超过了 200。

其实，某些人看手机的频率要比这高得多，有的甚至沦为了"反馈需求瘾"的奴隶，必须通过不停地查看电子邮件、社交网站或喜欢的游戏来满足自己成瘾的需求。在数字化大潮中，我们都成为所谓的"全球公民"，比以往任何时候都更依赖在互联网上搜索答案、预订假期旅行、寻找灵感和启发。

在购买服务或产品之前，你可能会先打开浏览器进行搜索，物色几家备选的供应商。在去哪一家餐馆、酒店之前，或者与某个公司做生意之前，你可能会先去查看其他人在网上对其的评论及看法云云。

随着全球化程度以及透明度的提高，知识已经转移到最需要它的人手中，而权力也随之而来。

《圣经》中有一句话说："寻找，就寻见。"当今，这一点显得尤为正确。新的世界秩序已经撼动了供应商与客户之间的权力结构。银行的顾客如今可以拥有更多的信息及可对比的数据，并可以利用这些信息和数据在贷款时进行议价。保险公司在网上被货比三家，最终是谁价低谁成单，诸如此类的事情屡见不鲜。总体而言，购买周期已经发生了根本性的变化。现在，在客户与供应商进行联系时，购买的过程差不多已经结束了，这可能会给成交的谈判带来更高的要求。同时与多家潜在的供应商进行谈判以压低价格，这样的经典谈判技巧已经成为当今线上购物不可或缺的一环。

竞争加剧的直接后果就是所有公司都在挖空心思压缩成本以提供更具竞争力的价格。压缩成本的说法五花八门，无论是协同效应、全球共享客服中心、外包或海外劳动力，还是组织变革、资本效率、更低的库存和更高的周转率，其背后的目的都是要保持或提高竞争力和利润率。

与此同时，为了在竞争中脱颖而出，公司的创新步伐也在提速，以求提供更独特的产品。因此，我们看到一个现象，那就是销售这件事已经从简单地卖产品或服务转变为卖一整套复杂的解决方案。越来越多的公司已经改变了它们的服务方式，带来的效果是消费者开始寻求预先打包的解决方案，甚至包括卡车和机械设备这样的工业产品也不再沿用传统的销售模式，而是改为提供包括服务、备件和保证长期使用在内的全套解决方案。稍后，我们将深入探讨这种变化的商业模式。

尽管这么多的变化纷至沓来，但是，真正的改变才刚开始。人工智能（AI）已然不再是只在电影中出现的未来场景，它将带来无限的可能。当 x.io AMY（或其男性版本 ANDREW）平台推出时，一个基于人工智能技术的个人助理就上岗工作了，她负责与真人协调安排预约日程。你只需在发送电子邮件时加入 AMY 这个收件人，她就会接管整个日程安排，并通过电子邮件与真人保持正常的沟通。

更多其他的人工智能项目还在开发过程中。当一些热衷者全力关注人工智能的潜力时，其他一些人则指出了潜在的风险。正如霍金那"终结者"一般的预言："人工智能的全面发展可能意味着人类的末日。"

物联网（IoT）或万物互联（IoE），正在将大多数事物连接到互联网上，并为我们提供了一个接口，使自动的数据收集和技术指导成为可能。

这样的例子不胜枚举，譬如说转发器这个小物件，还没有一粒沙子大，却可以被放置在药品中以确保病人在对的时间服用对的药物，也可以将汽车与互联网连接，甚至可以被用于智能建筑。正如互联网在世界范围内创造了人与计算机的网络一样，现在，我们又有一个巨型网络将一切都连接了起来，这意味着无穷的数据量，其价值甚至超出了我们的想象。不知道这听起来是激动人心，还是令人惶恐呢？不过，有一点可以确定，那就是对从事流程自动化业务的人们来说，这简直是天赐良机。

与此同时，这个巨型网络还为那些从事 IT 安全业务的人开辟了一个新的局面。海量数据的收集以及家庭、办公室和行业的紧密互联将迅速增加人们对数据安全的需求，激发对采集个人、企业及产品数据的活动进行密切监控的需求。

非但如此，任何有助于在人、公司、产品、服务之间建立交互的商业理念都可谓生逢其时，未来存在着各种可能性，除非想象力限制了你自己。

通过内置传感器测量步数、距离及脉搏的可穿戴设备为各种应用程序大行其道扫清了障碍。例如，大获成功的 Nike+ 和 Nike Fuelband（耐克运动腕带）为客户提供了激动人心的运动环境，同时也让公司了解到与用户运动行为有关的宝贵信息。通过整合基于用户的运动类型、强度、耐力以及背景音乐的促进效果、耐克产品和运动环境的数据，耐克公司获得了新的洞察，即在什么样的环境下，听着什么样的音乐，穿戴着哪些耐克产品时，用户能够最有效地开发他们的耐力，呈现出最佳的运动表现。

可穿戴设备将使医疗保健产业发生根本性的改变，通过传感器的方式给医护人员及被照料者增加了多种可能性，提供了低成本的持续生理机能监测。

数据表明，在 2015 年，有 5 亿人使用了 mHealth（移动健康）应用程序。如果我们再向前迈进一步，将与时俱进的数据运用与预测分析及人工智能技术结合起来，应当可以期待未来的应用程序将有能力预测严重的损伤并给出行动的建议，这一切都是运用收集数据的结果。

正如自动驾驶的汽车能够转弯避开前方的安全隐患，预测性移动健康应用程序也可以成为个人和国家医疗保健预算的救星。

与上述例子相比，大数据（以不同的形式收集大量的数据用于分析及提炼）显然是一个更有趣的领域。人们做出的每一次动作都被存入相应的活动等级，带着 iPhone 手机走的每一步都被苹果公司储存。倘若你没有在隐私设置中进行阻止的话，我们的地理位置（何时何地）也会被共享给应用程序。在信息和通信技术行业中，数据量正在呈指数级增长。

据说世界上所收集数据的 90% 都是在过去两年中产生的。可能用不了多久，在一年内就能收集到同样数量的数据。驻足片刻想一想，你认为 5 年后这一速度会变得有多快呢？

在埃森哲的一项调查中，多达九成的企业领导人都认为大数据将像互联网当年一样彻底改变他们的业务；八成的人认为不利用大数据机遇的公司将失去竞争实力。目前，大数据运用的三个突出领域在于顾客关系与整合、产品开发与运营流程以及系统（组织）。这就是我们面临的现状，而且这一切才刚刚开始。

此外，新生代员工对市场的影响越来越大，在很大程度上激励他们的是自主、专精及目标明确的工作，他们希望选择自己的方式，感受自己的成长，加入一段有情感归属的职业旅程。此外，他们是在数字世界及其带来的无限机遇中成长起来的，没有忠实于某种产品或服务的天然习惯。如果一个产品不够好，分分钟就会被他们弃用。

这一代人是在数字的刺激下长大的，更迷恋实时反馈和持续验证，他们尊重为群体增加价值的人，追随那些他们认为有价值、有意思、值得交往的人。

　　吸引、激励和领导新生代员工是一项挑战，早期意义上的"管理者"无法应对这一挑战，只有人们愿意追随的真正的"领导者"才能做到。与此同时，领导者还面临着另一项挑战，那就是将前几代的老员工带上数字化的新征程。归根结底，领导者的责任就是让人们有自主发展和学习的意愿，否则组织这条大船就会尾大不掉，虽然一些人会不遗余力地向前划动，但另一些人在拖后腿，最终导致领导者的努力事倍功半，这是组织面临的风险。

　　总而言之，这里所说的发展意味着：

- 那些不将其流程、客户关系和商业模式调整为数字化的公司有可能面临利润率下降和客户流失的风险，而且会被未来新入场的竞争对手反超。
- 那些不围绕变革之旅调整自己的领导力，未能推动组织上下共同参与的领导者，有可能被新一代渴望变化的员工所抛弃，因为新生代需要不一样的领导力。与此同时，那些还停留在过去的员工将面临走向精疲力竭的风险。
- 那些全凭过去二十年积累的知识和经验而不再学习新技能的员工，将很难在新的价值链中发挥作用。尽管吃老本也能撑上一段时间，但这些人迟早会被更有动力的员工取代。

- 本书旨在总结数字化领导力的精髓，帮助领导者与公司掌握如何提升所在组织数字能力的路线图，提示当今的领导者为了生存和发展需要做些什么。此外，本书还提供了实际操作的诀窍，帮助组织通过周详计划和精心安排的数字化布局获得自己的竞争优势。

首先，我们将仔细研究组织正在面临的挑战。从外部市场的角度来看，我们需要了解并适应日益数字化和数据驱动的客户之旅，同时运用我们人类独有的能力，在机器无法做到的方面（例如情感）增加价值。从组织内部的角度来看，当培养和保持员工工作的积极性变得越来越难的时候，我们需要找到凝聚组织的有效方法。数字化势不可当，未来已来，带着这样的想法，让我们迈入数字革命的下一阶段。

第2章

从"广告狂人"到"数学狂人"

　　瑞典人菲利普·泰桑德（Filip Tysander）是一位数字原住民，在一次旅行时，他突发奇想有了一个做生意的好点子。虽然没有太多关于目标市场的经验，但是，他有的是数字原住民无限的想象力和改变世界的雄心壮志。于是他创业了。5年后，他的公司营业额足足超过了2亿美元。

　　就这样，菲利普一手创立了手表品牌丹尼尔·惠灵顿（DW）并使该品牌迅速闻名全球。作为数字原住民，他熟谙数字媒体的力量，尤其是像博客、Instagram和脸书（现改名为Meta）这样的社交媒体。通过让那些在社交媒体上拥有众多粉丝的年轻人参与进来，并让他们作为品牌大使，丹尼尔·惠灵顿手表的全球知名度迅速提升，网红们也因自己的参与得到了免费的手表。

　　现在，丹尼尔·惠灵顿在Instagram上拥有约200万名粉丝，相比之下，劳力士却只有约80万名粉丝。凭借数字媒体的策略以及用户导向的智能分销，菲利普创建了一家员工规模200多人、利润率几乎高达50%的公司。

　　我们称菲利普所代表的这一批人为"数学狂人"——对数字化及可扩展的分销威力了如指掌的现代意义的全球领导者。

　　数字化改变了我们周围的一切，尽管这些创新往往是由市场端驱动的。因为全球竞争要求更快的步伐，甚至超过了公司内部可以控制的速度，因此这种创新的能量往往来自顾客和市场。

　　当今的营销趋势是显而易见的。数字营销正变得越来越以数据为导向，而在企业内部，工作流程也正在发生变化。从传统的营销观点（我们称之为"广告狂人"）到现代的"数学狂人"的转变已经开始。

从我们的观点来看，一切可以被数字化的东西都将被数字化，一切东西都可以通过数字媒体在全球范围内售卖，即便今天还没有做到，未来也会实现。数字营销和传统营销的主要区别在于数字营销覆盖全球市场，实时销售，并提供持续的直接反馈。

数字化不仅关乎企业的生存，从宏观的角度来看，它也关系到整个社会的运转。企业以盈利为目的，需要使得与顾客的互动变得数字化，由此得以生存。社会层面也是一样，"如果医疗成本继续上升，政府就需要提高税收来资助这些项目"。

医疗保健行业也不能幸免于这些挑战。供应商需要了解顾客并找到更新的、更有效的方式来提供服务。新的服务可能涉及机器人辅助分娩或自动化的自助服务，在服务过程中可以通过传感器收集人们的习惯和数据，这又为预测性的分析创造了良机。那么以后，很可能在人们意识到自己需要看病之前就得到了相应的医疗服务。对问题的反应时间越短，人们的康复时间缩短的机会就越大，对护理的需求也就越少。

数字经济意味着从工业社会的等级控制流程（聚焦于大众市场产品）向以用户为中心的个性化数字化服务过渡。这对大多数人来说是一种巨变，因此理解这一转变至关重要。

"数学狂人"（现代营销人）

数字营销本质上关乎数学和数字，如果你不喜欢这些，那么这个领域可能不适合你。这就是"数学狂人"（现代营销人）的核心特征。然而，现代的领导者必须了解现在不是二选一，而是要两者兼备——我们既需要使用数据，也需要运用智慧，从而通过掌握更多的信息做出正确的决定。但是，与此同时，我们也必须在数字营销中加入传统营销模式所擅长的情感因素。

在传统意义上，营销部通常与销售部门是分开的，但数字化渐渐模糊了这一界限。没有哪个部门可以是一座孤岛，市场、销售及顾客服务更像是一个综合体，必须并肩携手工作，合力吸引客户、开发业务、达成业绩、增加销售额，确保留住客户，并且将客户发展成自己品牌的代言人，经由他们向更多的人传播服务体验。

"广告狂人"（传统营销者）

备受赞誉的电视剧《广告狂人》揭示了传统营销的本质。在这种模式下，一切都以品牌为基础，客户从情感的角度做出决定，购买行为本身没有任何数据做支撑。与每一种流传下来的传统一样，这种模式有其可取之处，但也有一些方面需要被明智地摒弃。简单来说，"广告狂人"式的传统营销模式代表着软价值，如品牌、感受、形式及美学，而"数学狂人"的模式则代表着现代营销，在这种模式下，顾客的购买决策是基于数据、统计和结果的。

显而易见，传统的品牌战略仍然重要，但已不再是至关重要的了。鉴于更快节奏的全球市场所带来的风险，我们不能再仅凭直觉和感觉就做出决策，最重要的是，我们已承受不起再通过大众营销的方式来强化品牌。

现代营销者（"数学狂人"）的特点是勇敢大胆、见缝插针、敏锐明智、数据导向。

我们可以用 I+C+I+R [智能（Intelligence）+ 内容（Content）+ 个性化（Individualizing）+ 收入（Revenue）] 这个公式来总结当今对外营销的关键因素。

智能（Intelligence）

互联的世界提供了超量的数据。我们需要做的，就是把这些数据全部储存起来，然后将其提炼为促进业务的有效驱动力。在此基础上，数字化领导者运用数据做出智能决策，为顾客和公司创造价值。

内容（Content）

在媒体的喧嚣中，营销的"内容"才是吸引人们驻足多看一眼的真东西，是人们去倾听、阅读和采取行动的动力。我们与顾客的沟通需要升级，营销内容光是做到与顾客"相关"还不够，而是要做到"极致相关"。我们必须利用从数据和信息中获得的情报，对顾客的想法从"相信是怎样"走向"了解真的是怎样"，创造出与现实高度相关的内容，并用顾客熟悉的语言进行互动沟通。

个性化（Individualizing）

数字世界是以个体为中心的后现代社会。仅仅从互动的角度去考虑目标群体还不够。在数字/移动世界中，我们必须以顾客为中心，创造吸引人的客户体验旅程。我们要了解用户或顾客是什么样子的，在哪里，使用哪些技术平台，以及如何利用这些平台与之互动。

收入（Revenue）

数字化使我们有可能突破壁垒，以更快的速度进入更大的市场。盈利固然是所有营销的最终目标，但我们必须记住一点，那就是收入流和价值链将会发生变化。在新的升级版的商业模式下，一些公司不得不学会如何在不收费的情况下挣到钱。这可能吗？只要看看脸书的商业模式就明白了。无论如何，我们都必须挣到收入来负担公司的日常运转。不过，由最终用户来买单已经不再是必然的商业模式了。

"广告狂人"的销售模型

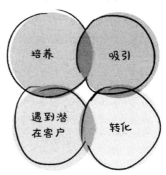

"数学狂人"的销售模型

寻找潜在客户

电话推销

保持专业知识

进行无聊的演示推介

培养

吸引

遇到潜在客户

转化

第3章
敬业度与积极性在下降

一个人知道自己为什么而活，就可以忍受任何一种生活。
　　　　　　　　——弗里德里希·尼采（FRIEDRICH NIETZSCHE）

俗话说，意愿胜过能力，因为只要有意愿，就能想办法获得必要的能力，而光有能力却没有意愿的人就会停滞不前。在一个谁都可以读到任何信息或参加免费开放的远程数字课程（MOOC——大规模开放在线的慕课）的时代，谁最想得到知识，谁就是赢家。当人们对带来价值的同僚顶礼膜拜时，知识就变成了力量。谁在对的时间、对的情况下拥有对的知识，谁就会成为被他人追随的一股力量。下面，请你思考一下，回答几个关于你自己的问题。

- 在什么样的情况下，你会全心全意追随另一个人，心甘情愿地听命于他？
- 在工作中，当你按照上司的要求做事时，是因为不得不做，还是因为自己想做？
- 你工作挣钱是因为别无选择，还是因为心甘情愿？
- 无论是天涯海角，你都会义无反顾地追随你的上司吗？

根据盖洛普的"全球工作场所状况"（2013）调查报告，在世界范围内，只有13%的职场人全心全意地投入工作。63%的人并没有投入工作，24%的人故意不投入工作并与组织的既定目标背道而驰。

对第一次看到这些数字的人来说，这似乎不可思议、难以理解。事实上，盖洛普已经对工作场所的敬业度进行了长达 25 年的调查，覆盖人数超过 2500 万。而且，可以肯定的是，员工不敬业会导致公司的利润和业务增长双双下滑。仅在美国职场，每年因员工工作不投入而造成的损失就超过 4500 亿美元。

职场敬业度对你们来说有什么价值呢？

盖洛普指出，平均而言，组织敬业度在最高和最低的四分位数之间的差异在于，敬业度最高的员工：

- 旷工率低 37%；
- 安全事故少 48%；
- 质量缺陷低 41%；
- 生产力高 21%；

最后一项，也是最重要的：

- 盈利能力高 22%。

员工敬业度下降背后的原因比较复杂。在此，我们谈谈现在能看到的一些方面。在现代社会中，人们认为民主是自然而然的，集体的协作促使人们在社区和慈善机构做出贡献，因此很容易认为人们在工作场所的敬业也是常态。但事实并非如此。人们之所以在私人领域做出贡献，是因为他们想做。但是在工作领域，是因为他们必须要做。即便是那些因热爱工作而工作的人，在错误的领导之下也会失去干劲。

在过去的十年中，美国的精神疾病率一直在上升。其中增加最多的是 18 ～ 25 岁的成年人群体，也就是数字原住民。根据药物滥用和精神健康服务管理局（SAMHSA）的数据，在世界范围内，精神疾患和药物滥用失调症将在 2020 年超过所有生理疾病而成为导致人类残疾的最主要原因。

在生活中，人们或多或少都在寻找意义，寻求选择权和自主权，追求个人发展和专业精通，所有这些都是由数字革命和摆在我们面前的选择所推动的。在新闻推送、社交媒体和游戏的推动下，人们也变得更加沉迷于即时反馈和认可。

娱乐软件协会（Entertainment Software Association）在其报告 ESA 2014 中披露，游戏玩家的平均年龄为 31 岁，男女性别比例几乎持平（52% 为男性，48% 为女性）。值得注意的是，最大的游戏玩家群体的年龄在 36 岁以上。游戏就这样塑造了我们的行为，其内在的设计机制使之成为可能。

通常来讲，电子游戏的设计思路就是让玩家感觉到全心投入，其不断上升的难度水平恰好对应心理学家耶克斯（R.M Yerkes）与多德森（J.D Dodson）在 1908 年提出的动机 U 型曲线定律，即如果一项任务太容易，人们就会感到厌烦，觉得没必要做，所以不会尽力而为；而如果任务太难，则会增加人们放弃的风险。

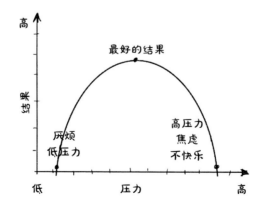

心流（FLOW）这一心理学术语描述的也是这一现象，指的是当一个人完全沉浸在某项活动中并且感觉一切尽在掌握的那种心理状态，是一种与快乐相关的积极体验，心流会同时激发个人对于挑战性活动的投入度。因为个人必须不断提高自己的水平以保持这种感觉。

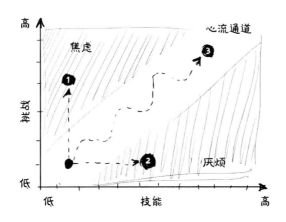

高尔夫运动可能是体现持续递进挑战的完美形式。随着球员能力的提高，标准也不断被提高。我们可以将高尔夫运动与常规的工作任务进行对比。让我们以财务部门最近雇用的负责应付账款（登记、批准和支付公司的账单）的员工为例。上班的第一天，企业资源规划（ERP）系统看起来很难掌握，但这名员工迈出了第一步，拥抱了超过自己目前能力水平的挑战。不过，每过一段时间，就会有一道关被通过，以前看起来艰巨的任务变得很简单，不再提供让员工觉得自己在不断进步的挑战需要。

如此日复一日重复着同样的工作也会削弱员工的目标感，因为员工缺乏自主的感觉和选择的自由。应付账款工作流程只有一条确定的路径，就像其他被提高了效率的标准化流程一样。

然而另一方面，大多数游戏都会为玩家提供持续的反馈，凡是正向的行为会立即得到奖励，玩家们可以实时看到自己的进展，看到自己离下一关还有多远，并随时了解自己与其他玩家的动态。此外，游戏也会利用人们希望被关注的心理需求，专门提供方便玩家在社交网络分享的一些设计，例如在脸书上推送 Candy Crush 的最新成绩，或者是 Runkeeper 的 5 公里跑个人最佳纪录。

人们对反馈的需求愈来愈强烈，这一点完全可以从我们查看智能手机的次数上体现出来，同样也在我们不断通过发布美食、度假及社交照片求反馈的做法上暴露无遗。

然而，与游戏世界相比，我们的工作世界却未能提供员工所需要的反馈。大多数组织都没有在平时就给予员工工作反馈，最多就是每年进行两次绩效评估和一次工资评估，回顾一下个人的业绩和职业发展状况。更有甚者，往往只关注员工年终的工作结果，根本没有平时的定期反馈。在游戏世界，只要你做出正向的行为，你的表现就会立即得到认可；而在工作世界，经理无视你每日的努力。事实上，被认可、被需要、被看到，这是人类最强烈的动机之一。游戏通过刺激多巴胺、5- 羟色胺和催产素等神经递质给人们带来了化学反应。从人类学的角度来看，我们的生存确实需要这些递质。

多巴胺

多巴胺会在人们完成一项苛刻的任务、达到一个里程碑或通过终点线的时候释放出来，它与人们对冒险、酒精或烟草的上瘾有关。人类自古是以狩猎为生的物种，而狩猎活动则需要多巴胺的推动。为了可以长时间从事狩猎，人们需要内啡肽来掩盖疼痛的感觉。在遇到危险时，需要依赖肾上腺素的帮助。

多巴胺让我们在越过马拉松比赛的里程标识时感觉良好，对我们的进步给予直接的反馈，让我们知道自己跑了多远、离终点线还有多远，这样，我们就可以专注于下一个里程目标。与此同时，多巴胺还创造了一种愉悦感，例如在星期五，你看到自己完成了本周所有的目标，那时的愉悦感就如同越过了比赛的终点线。

血清素

获胜会让我们的身体释放出更多的血清素，无论是在领奖台上优于别人，在排行榜上成功晋级，还是在机场挥着金卡走向优先通道，都让我们拥有一种处于有利地位的优越感，这与动物首领将旧首领挤出群落开始执掌新的领导权如出一辙。从人类学的角度来看，血清素帮助我们在群体中建立结构和秩序，这一切都是为了人类物种的生存。

血清素的缺乏会以抑郁症的形式表现出来，因此它对心理健康的影响显而易见。被看到、被认可的需要会形成一种难以打破的习惯，这就是为什么我们都听说过一些运动员和音乐家在风头褪去之后，又去极限运动、酒精或真人秀节目中寻找同样的感觉。

催产素

从人类学的角度上讲，我们利用催产素这种神经递质来创建家庭、繁育后代并建立人与人之间的联系。催产素通过身体的互动产生，比如说身体触摸，或者当我们与自己喜欢的人、信任的人、让我们有幸福感的人在一起时也会产生。在社交活动或工作合作中，或与我们欣赏的人一起做事时，催产素都会带给我们愉悦的感觉，它有助于我们形成复原力并减少压力。显而易见，在组织中感到安全的员工往往比感到不安全的员工压力小。人体的生理构造是为了适应环境并生存下来，当我们感到压力或威胁时，感知就会变窄。个体面对威胁生命的危险时只会关注决定生死的那些事，面临压力下的大脑会失去周边视野，只顾着下一步该怎么做。由此，我们可以得出结论，安全感是创造力的前提，也是我们愿意做出改变的前提。

"不够好"的感觉加上意义感的缺乏降低了人们的幸福感和投入感，有些人认为这是社会进步的自然结果。

提升敬业度

外在激励

胡萝卜加大棒是自工业革命被发展起来并被普遍使用的外部激励手段。今天，这些手段中的胡萝卜已经转变为例如奖金一类的奖励措施，其作用是激励人们完成简单的任务，其中隐含的信息是——做这个，你就会得到那个。

然而如前所述，今天的现实并不那么简单，现在，如同开发新产品和新服务需要创意一样，我们也需要更先进的创意来赢得潜在顾客。然而，关于激发创意这一点，科学家已经在一些实验中证明了创造力会被外在的激励因素所抑制。如果我们探讨的是员工需要在更大程度上独立思考并自主解决问题，那么我们就需要另一种形式的激励。这就是需要内在激励的地方，不管怎么说，事实证明内在激励能带来更持续的情感投入。

内在激励

丹尼尔·平克在他的畅销书《驱动力》(*DRiVE*)中介绍了人们的基本动机：自主、专精和目的。这些往往建立在安全和信任的基础上，因为安全感是敢于尝试新方法、离开舒适区、抓住学习和发展的机会的前提条件。

当我们进一步分解这些动机时，会发现他们包括以下这些激励因素（尽管程度不同），而我们玩的许多游戏都是基于这些因素而设计的：

- 探索
- 创造
- 学习
- 社交

- 合作
- 做出贡献，服务他人
- 实现目标，被看到，被认可与赢得胜利

思考一下，在这些驱动因素中，哪些能让你前进并同时提供幸福和快乐的感受？当你做让自己感觉最好的事情时，上述哪一项让你产生了这样的感觉？

我们应当从中学到的是，现在职场上的大多数人都是被做出有意义的选择、获得发展和认同职业之旅的目的（公司的使命和愿景）等意愿所驱动的，这成为员工情感投入的前提，也是公司在盖洛普高敬业排名中获得一席之地的前提。意义感是通过上述一些因素构建起来的，但每个人的动机簇都是独一无二的。有些人可能被进入新领域、创造、发展和被认可的成就感所驱动，而另一些人可能因为帮助客户、欣赏同事（社会环境）和学习新技能而去工作。外在激励从来都不是免费的，而内在激励往往不用花钱。尽管如此，组织有史以来一直使用的却是相对简单的外在激励因素，这可能是由于没有足够的时间和精力将个人的需求、目标和意义与组织的追求与文化匹配起来。

当我们花一些时间由外向内详细审视组织和个人之间的关系的时候，会看到二者并不总能相互融合，这就是基于上述原因。积极的文化建设始于明确组织的愿景、使命、价值观和文化，其中的诀窍是首先选择一种文化。

为组织的宗旨和目标而优化的文化是能让我们到达目的地的文化。通过明确选择我们的文化，赋予每个人选择权——员工可以选择加入这一奋斗之旅，也可以选择随时下车，这正是明确组织文化的意义所在。

为了让人们基于自由的意志而加入公司的奋斗之旅，个人的目标必须与组织的目标相匹配。两者需要在多大程度上保持一致并无定论——没有正确或错误的答案，但显而易见的是，员工与组织之间的匹配度越高，你就会看到越高的投入度。

在这个新时代，如果员工的需求和内在激励因素没有得到充分的刺激，他们就会离开组织。这意味着，我们要么必须找到新的方法来应对更快的员工离职（通过新的、更低成本的招聘方式、更高效的入职程序、更快的培训以及持续的信息收集／储存及知识管理传承给新员工），要么找到方法来推动员工的情感投入。实际上，你可以从第二种选择中获益更多，因为一个有活力的组织可以提高生产力和利润。总体来说，这可能不是二者择一的问题，而是两者都要兼顾的问题。新生代员工趋于更不稳定，未来的员工不会在与今天相同的前提下被雇用。这一趋势表明，增强的人脉网与其他形式的雇佣是对传统全职职位的一种替代。全球客户服务团队是和那些居家办公的人共同发展起来的，他们每个人都在自己不同的条件下工作，但他们的工作通过数字服务得以衔接起来。

让我们想想优步（Uber）的发展，它是世界上最大的出租车公司，却不拥有一辆车，也没有雇佣任何司机。再看看爱彼迎（Airbnb），它成了世界上最大的连锁酒店，却不拥有任何一家酒店。多年来，随着新的商业模式和组织形态的发展，"员工"这一概念已经发生了变化，领导力也可能会有类似的发展。

给我们留下深刻启示的是，领导力将越来越可能来自等级制度中层级较低的人。如此下去，经典的发号施令的管理者形象将变得过时，取而代之的是一种新的领导方式。人们倾向于追随他们想追随的领导，而在以前，他们不得不奉命行事。

这中间最重要的区别在于"不得不做"和"想要去做"，是什么让企业家或创业公司的员工心甘情愿、夜以继日地工作？是什么让人们冒着生命危险，甚至在没有正常报酬的情况下自觉自愿与埃博拉病毒战斗？

也许我们不会那样去做，也许上述例子更多关于勇气，但这也与我们的动机有关。有些人可能喜欢发明创造，有些人可能被提高和改进的动力激励，另一些人希望赢得与对手的战斗，而那些抗击埃博拉的人则可能是出于助人的愿望。

总体来说，人们总希望创造出比个体更为强大的组织，这样的组织提供明确的愿景、目标和美好的职业旅程，组织中的每个人都知道自己能贡献什么以及为什么这样做。那么，你是否已经清楚并确定了你的旅程？

第4章
数字革命的第二次浪潮

我们现在都被互联网连接了起来，就像一个巨脑中的众多神经元。
——史蒂芬·霍金（STEPHEN HAWKING）

互联网是一项极好的人类发明，尽管我们很难理解，但已经学会了如何适应它的存在。它很像一种已经变异的生物越长越大。互联网让我们有机会实现梦想，并且它还在继续改变着世界。

互联网确实使许多正面的事情成为可能，但另一方面它也助长了罪恶。因为，互联网是一个监管缺失的地方，尚处于起步阶段。从本质上讲，互联网在一定程度上是有结构的，但它的构建也是无政府主义的。人们可以发表任何想说的东西，而且这还将会继续下去，直到政治家和国家为数字市场建立起全球性的规则。

自20世纪90年代中期真正进入公众视野以来，互联网为我们带来了高效率、亲近感、快捷性和透明度——这四个关键词在理解数字化和一切数字事物时极为重要。当我们连通到互联网时，世界变得更小，这意味着公司不再只能从所在区域的范围思考。相反，他们现在可以放眼全球，专注于创造可以在世界各地推出的产品。

数字化带来了一个紧密联结的世界，使我们不再局限于模拟媒体或物理位置。还记得《时代》杂志（*TIME*）有一期的封面吗？上面不仅赫然展示了一个数字植入的人类手腕，并且提出不间断连接及智能手表才只是一个开始，这值得我们深思。如果回到10年前，一个公司要在国外建立一个办事处会需要很多环节。比如你有一款很棒的产品，研究表明它完美适合南非的市场，于是你要在那里开设一个实体办事处，为此你需要投入大量的资源、时间，应对没完没了的繁文缛节。如果你想在当地市场取得成功并且已经设立了办事处，那么你还是需要一个实体办公室发挥作用的。

现在，拜数字化所赐，这种情况已经发生改变，任何人在任何地方都可以在全球市场上推出产品，只要你的产品足够好，就能获得成功。

对电子商务或诸如《愤怒的小鸟》（*Angry Birds*）或《我的世界》（*Minecraft*）这样的游戏应用来说，数字化拆掉了中间的墙，使这些事物发展的速度超出我们的想象。通过互联网，谁能创造出好东西，谁就能在一个月内为大众所熟知，成为影响全球的力量。是的，你没看错，就是一个月内。电话被发明后，花了75年的时间才进入5000万个家庭，芬兰Rovio娱乐公司开发的《愤怒的小鸟》游戏用了35天火遍网络，而《精灵宝可梦Go》（*Pokémon Go*）仅仅在19天内就大获成功。

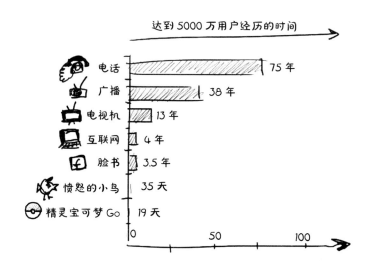

今天，地球上几乎有一半的人在使用互联网，在 2025 年之前，所有人都会以这样或那样的方式连接上互联网。面对这样的情况，我们要么选择看到更多的可能性，要么将互联网和数字化视为一种威胁。那些成功故事背后的人将如何选择呢？你完全可以猜出答案。

许多我们曾经认为是合情合理的事情，现在由于不间断的在线连接而被遗忘。我们曾经坐在收音机或电视旁了解天气情况，但现在仍然还这样做的人越来越少。如今，我们只需按下手机上的一个按钮，就可以看到未来 10 天的天气预报。

这里的关键词是"无论何时、无论何地"。今天，我们雇用的是那些从未打开过纸质电话簿的年轻人，他们对在网上寻找一切司空见惯，压根儿理解不了电话簿的作用，对为什么需要这样的物件感到奇怪。

思考数字化将如何影响我们的日常生活蛮有意思。但矛盾的是，当我们在四五十年后回顾这个时代时，可能会嘲笑什么事在 21 世纪初都是慢吞吞的。

数字化涉及与商品和服务有关的所有环节，包括生产、分销和消费方式，如电影、音乐或是我们驾驶的汽车乃至我们关心的一切。这种变化不仅意味着从一个系统过渡到另一个系统，即消费模式和自动化的变化，还意味着一种范式的转变，最终将创造一个新的世界秩序，其中至少有两种公民身份——一种是真实的身份，另一种是全球化和数字化的身份。

未来已来，我们曾经在科幻电影中看到的许多东西现在正变成现实，从自动驾驶汽车到机器人，从人工智能到给人带来真实体验的数字房间。新的数字时代已经到来，它将改变一切可以改变的东西，甚至更多。

习惯成自然

每一代人在他们的成长过程中都有着令人难忘的尖叫时刻，那种惊喜的感受根本无法用语言来形容。你还记得自己第一次玩视频或电脑游戏吗？第一次在电脑上写字？第一次得到一个也可以用来玩游戏的手机？对数字阿尔法一代而言，唯一的现实就是他们随时在线，一出生手里就拿着平板电脑，早早就理解了技术的运作方式。两岁的孩子不理解带有实体键盘的实体桌面的概念，但他们可能会尝试点击屏幕。与此同时，他们的行为也受到经常使用苹果手表的大人们的影响，比如让 Siri 播放歌曲，或打开一个应用程序。

"当我不在的时候，我两岁大的孩子走来走去，假装和她的玩具手表说话，还让 Siri 为她干活。伴随她长大的现实就包括对着手表说话并期望手表听从她的指令。"

这就是数字阿尔法一代出生时的世界观，而这一切才刚刚开始。我们出生时所做的就成了平常事并且值得重复做。

数字革命正在过渡到它的下一个阶段——通常被称为全球巨变阶段。这一阶段已经有了第一批受害者，同时也催生了新的明星。下面你会发现一些有趣的例子：

照片

领先的相机和胶片制造商柯达公司，在 2010～2012 年亲眼目睹了自家商业模式的消亡，之后他们申请了破产保护。与此同时，其最大的竞争对手富士胶片公司则成功地生存下来并发展了公司的业务。柯达所犯的错误是多方面的，尽管他们在数字技术方面采取了很多举措，但还是出现了业务衰退。数码相机是由柯达在 1975 年创造的，尽管第一台数码相机的模型直到 1995 年才对外发布，但这并没有拯救柯达，因为他们一直专注于传统的胶片和纸质摄影，而尼康、佳能、索尼和其他公司都超越了它。传统胶片相机的市场消失了，这是移动革命和社会革命的结果，人们将相机移到了手机上，照片在手机上以我们今天习以为常的方式在用户之间分享。在短短几年内，Flickr 和 Instagram 等公司都已经上升到天价的估值，并且在照片市场中占据主导地位。

视频

在 1999 年，美国录影带租赁店百视达（Blockbuster）在一份内部报告中写道："投资者对新技术威胁的担忧被夸大了。"第二年，时任百视达首席执行官的约翰·安蒂科（John Antico）拒绝了以 5000 万美元收购奈飞（Netflix）的提议，并在谈判结束时说："这是一个非常小的小众业务。"10 年后，百视达以申请破产的方式庆祝了公司成立的 25 周年，而奈飞今天的价值则超过了 400 亿美元。

数字技术开辟了新的分销渠道，如奈飞和美国家庭影院（HBO），他们以及一些非法流媒体服务对旧式的录影带租赁形式造成了沉重打击。

在数字领域，服务分布遍及全球，这意味着任何本土的方案将始终面临来自任何资本超越国界的发展竞争。

信息技术（IT）

在 IT 行业，云服务已经变得很普遍，根据所涉及的应用，越来越多的公司依靠通过互联网实现的解决方案，由云提供支持。世界上最大的客户关系管理（CRM）供应商 Salesforce 只布局了云服务，而微软则主要聚焦在云版本的 Dynamics 365。

在数据存储领域，早就有 Dropbox、One Drive 和苹果云等服务，在这个领域曾经存在的两个主要障碍——快速互联网的可用性以及对在办公室外存储业务数据的恐惧已经不再阻碍发展。传统 IT 系统在某种程度上需要被实体安装，在不久的将来，这些供应商的日子会很难过。

旅行

因数字革命而经历彻底颠覆的还有旅游市场，全球化和数字化服务使原有的旅游公司处境艰难。当越来越多的交易在网上完成时，就越来越难以证明拥有实体连锁店是一个对的选择，更不用说当大数据和人工智能技术使这些服务能够为你找到完美旅行的时候。这导致了越来越多的整合、收购和兼并较小的商家，与此同时伴随着利润率的缩减，小众公司可以保持他们的利润率，而那些只是销售例如飞机座位、包机度假和酒店等简单产品的公司在激烈的竞争中将举步维艰。

零售业

传统零售业现在正经历着令人难以置信的转变，电子商务正在击败实体零售业。在 21 世纪初第一批网上商店开业时，在网上买衣服的感觉似乎还非常遥远，因为人们想在购买前试穿衣服，但这个问题通过提供免费退货得到了解决。

起初，网店的效果并不理想，因为客户购买了 30、31 和 32 号的牛仔裤，在回家试穿后，又将不合适的两条送回。起初的利润会缩水，但正像其他事情一样，网购已经发展成为一个有效的价值链，物流和管理环节学会了迎接挑战。

采用传统方式的实体店游戏零售商已经被数字化游戏分销打败。与此同时，竞争也来自游戏生产商本身，Valve 等软件开发商通过他们自己的社区 Steam Network 提供游戏，其他案例也包括 PlayStation Store 和微软的 Xbox。

在共享经济中，市场参与者改变了规则

数字化催生了许多新的商业机遇和商业模式。共享经济成为一个不断增长的市场，人们在其中创建在线网络并进行交易。

共享经济的理念很简单，即通过数字网络，人们可以轻松创建能借住夏季房屋、出租公寓、拼车或交换服务的渠道。有许多创业公司利用这种新的商业模式发展壮大，这是共享经济的核心。

没有一间酒店的爱彼迎，成就了全球最大的住宿服务集团。他

们提供了一个数字平台，任何人都可以在平台上将他们的房子或公寓出租。在这一商业模式中，交易通过爱彼迎进行，爱彼迎扣取一定比例的费用来维持所有相关方的稳定和安全。合同文本及处理是自动化的，就像其他酒店预订一样。对出租者，爱彼迎还提供一个潜在损害保险，在交易完成之后，租住双方互相评分，这又为每一方都提供了一份额外的安全保障。

没有一辆汽车的优步，是世界上最大的出租车公司，他们使用的模式与爱彼迎相似，即提供一个 IT 平台，将客户和司机联系起来，公司目前已经在 80 多个国家运营。优步重创了传统的出租车业务，成为一家极其有价值的公司。

邮友（Postmates）堪称是运输业的优步。通过邮友，你可以下订单将产品从一个地方运到另一个地方，很快，你就会收到运输者的照片，他将把产品送到你手中。运输者是邮友社区的成员，他们可以自由选择在自己喜欢的时段工作。2015 年 6 月，邮友收到了8000 万美元的风险投资，打算进一步扩大其服务，提供价格 1 美元的 1 小时内市内配送！

上述商业模式都是在共享经济下运行的，共享经济是一个由数字化带来的极好的领域。许多创业公司都在这一领域奋斗，努力构想出下一个伟大的想法。共享经济简化了这个世界，减少了巨大的时间浪费，同时提高了效率，这也是数字化的最大优势之一。

共享经济是一个很好的例证，说明新的商业模式如何彻底改变现有市场并打击现有从业者。我们可以推断，新的商业模式迟早会成为所有市场的常态。

数字化对就业意味着什么？

我们经常看到关于数字化干掉了传统就业的惊人报道，这不免让人想起《唐顿庄园》（*Downton Abbey*）系列剧集中的一个情节。当庄园里有了电，厨房的工人们能去大胆尝试那些电器物件，但厨师长帕特莫尔夫人对这些新玩意儿看不上眼，她不想使用电动搅拌器，担心机器会抢走她们的工作。

这个情节很好地说明了我们现在的处境以及我们未来的方向。用电来解释当前的现象蛮有意思，因为当时和现在一样，革新往往会遭遇基于无知、恐惧或焦虑的阻力。今天，我们可以看到同样的模式，同样的恐惧，以及同样令人震惊的末日预言——关于数字化让机器人接管世界的未来故事。显然，这并不完全正确，即使其中某些因素可能有其道理。关键在于我们选择如何看待这种情况，我们可以把它看成是工作机会的消失，也可以看成是源于数字化的新工作机会的涌现。

2013年，牛津大学研究人员卡尔·弗雷（Carl Frey）和迈克尔·奥斯本（Michael Osbourne）预计，美国47%的总就业人数面临着风险，到2033年，他们的工作可能会被基于算法的系统取代。

数字化究竟是威胁还是机遇？虽然这些报告有点意思，值得一读，但它们往往是在哗众取宠的媒体上出现。人们谈论的是一切正在消失的东西，但对通过数字化创造的新的可能性或工作机会谈论不多。我们得出的结论是，人们对数字化的恐惧与工业革命时期来临时人们的感受一样。然而，今天回顾那场革命，对大多数参与其中的人来说，那一切都仿佛是自然而然的，也是积极正向的。

书呆子的时代

未来属于书呆子，他们已经开始向明星过渡。在过去，青少年电影的主人公往往是硬汉形象，通常被描绘成健康的运动员，赢得了最美丽的啦啦队长的心。不过，现在时代变了，有一些电视连续剧和电影专门把热爱数字、编程和系统的书呆子作为主角，的确，书呆子才是当今商业环境中的明星。原因很简单，因为他们了解数据并懂得将其转化为实际价值，时代对这类人才的需求仍将不断增加。书呆子代表着未来，他们将创造明天的就业机会。

持续的连接意味着产生惊人的数据量

有一个经常被提及的术语，也是对数字化很好的总结，那就是物联网（IoT），它是由连接到互联网的实体产品组成，可以联通，也可以被联通，这就创造了许多新的可能性。这些可能性是关于什么、何时、何地、我们喜欢什么和不喜欢什么，关于一切可以存储的东西，整个世界最终将成为一个巨大的连接网。当一切都变得数字化并连接起来时，将产生不可思议的数据量，这意味着大数据变得更加重要，大数据这一术语表示收集数据然后进行分析并转化为决策与行动。此外，人工智能（AI）系统也可以从在交易中发现的模式学习并采取相应的行动。

想象一下，在一次商务旅行期间，你入住酒店住宿。室内的空调完全是你喜欢的设置，灯光就像在家里一样，音乐对应你的心情，床也根据你的个人喜好进行了调整。所有这些都是根据酒店收集到的关于你的数据而设定，你对这次体验的评分将有助于下一次住宿变得更好——酒店以完全个性化的安排满足你的需求。

数据本身以及利用数据的有效性是成功的关键，今天是这样，明天更会如此。

例如，由于这些数据的存在，现今美国公司每年仅在能源消耗方面就节省了两千多亿美元。

此外，我们还可以看一下关于存储历史数据的服务。不久之前，还必须每年支付五位数的费用来存储数据。今天，许多供应商提供了赠送的存储空间。原因何在？因为他们得出这样一个结论——信息的价值超过了存储成本本身。

你应该扪心自问，通过新的外部和内部的数据交互形式，你是否完全了解所在公司拥有或即将拥有的数据带来的能量和价值？

即便数据量在迅速增加，结构化大数据（为分析、决策和行动而收集的信息）的存储也仍很缓慢。根据伦敦大学学院大数据研究所的教授帕特里克·沃尔夫（Patrick Wolfe）的说法，在所有数据中仅有 0.5% 的数据被分析过。短期之内，由于不断激增的数据及可得性，这一比例有可能变得更低。大数据会带来更多的由数据驱动的智能决策，这也是为什么政府现在已经确立了不简单追求数字化而要成为"智慧政府"的愿景，问题的关键是如何变得智慧。

现在，产品与产品可以互相对话，通过数据和分析不断进行改进。随着苹果 HomeKit 智能家居平台、三星 Artik 物联网平台等平台的发布，已经有很多智能产品相继出现，如智能冰箱、咖啡壶、台灯、电视、手机和相机等，越来越多的产品开始进入市场。

竞争推动价值链和商业模式的变革

对许多经销商和代理商来说，数字化带来了源自电子商务的不必要的竞争。作为经销商，承担着与客户或零售商共同开拓市场的任务，这是一项花费昂贵的任务。近年来，老牌公司已经意识到，新的市场参与者正利用自身的投资优势建立数字销售渠道。有了电子商务的本土化场所，有了国外的集中配送，新的参与者可以在价格、外观和易得性方面进行竞争。对他们来说，建立业务和招募顾客的成本主要在于数字渠道的搜索优化和在搜索引擎上投放广告。然而，这一切与将一个品牌推入一个全新市场相比，成本相对较小，这也意味着传统的分销商已有的 B2B 模式，即分销商向零售商提供货物、零售商再将货物卖给消费者的模式，正面临着进退两难的境地。

让我们说一个你可能意识到但没有深思过的例子：

洗发水和美发产品经销商通过发型师在美发时把产品卖给顾客，可以给当地的发型师带来更高的收入和利润。

然而，顾客可能会在网上搜索同样的产品，并且比从当地的美发店购买更便宜。那么，是什么让她从美发店购买这些产品呢？是当地的机构吗？是忠诚度吗？是有机会跟发型师讨论更适合她头发的产品吗？总体来说，美发行业将遭遇加剧的竞争，就像许多行业一样，这也是许多当地经销商正在经历的。忠诚度变得不那么重要，购买将在网上完成，然而许多美发店规模太小，无法维持一个网上商店并以较低的价格进行竞争。

许多经销商拒绝接受为消费者开设网店的想法，因为他们将面临与自己的顾客——零售商竞争的风险。然而，如果不作为，他们就有可能看到他们的顾客减少，而他们自己的市场也随之减少，因为新的市场参与者在向消费者逼近。改变现状需要大量的思考、创造及全新的商业模式。因此，这是一个很好的例子，说明数字技术可以用来创造新的生态系统，在经销商、零售商和消费者之间进行新的互动，通过从传统的B2B到B2B2C，每个人都是赢家。

这提供了增加补充机制的机会，例如通过对顾客推荐给予奖励和通过折扣带来新顾客，提高顾客的忠诚度并推动销售。顾客在美容院或在网店消费时，零售商赚钱，而经销商则通过收集的数据获得对市场和客户的唯一控制权。

在一份名为《靠数字领导力活下来》（*Surviving through Digital Leadership*）的报告中，德勤数字部门公布了他们对17个不同行业的发展预测。通过将每个行业沿Y轴（影响）放置，体现了数字革命将改变的业务份额，并沿X轴（导火索）定位将发生变化的时间范围，创建了一个简单的图表，显示了每个行业面临的挑战。其中，处于"短导火索／大爆炸"象限的公司应该立即制定战略来处理这种变化，并确保领导层能够推动这种变化。

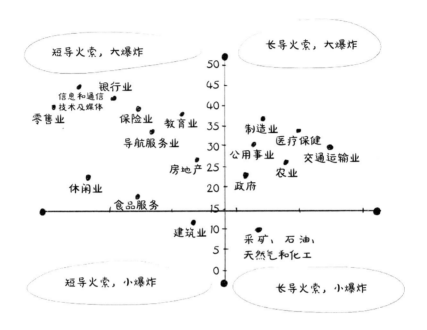

颠覆性创新

1995 年，作家克莱顿·克里斯坦森（Clayton M.Christensen）在其《创新者的窘境》（*The Innovator's Dilemma*）一书中创造了"颠覆性创新"这一说法。颠覆性创新就意味着瞄准一个市场并彻底改变它，正如 iTunes 对音乐行业的影响，Skype 对电信行业的影响以及奈飞对电影行业的影响。

然而，并非所有的创新都是颠覆性的，即便是那些堪称革命性的创新。颠覆性的一大特点是你能触达普通大众并且改变他们的行为。例如，汽车刚发布时是革命性的，但由于普通人买不起，这种创新就不是颠覆性的。颠覆性创新的另一个特点是，大多数颠覆性的成功故事是由特定市场以外的人创造的。瑞典的数字原住民菲利普·泰桑德（Filip Tysander）就是这方面很好的例子，他用丹尼尔·惠灵顿手表（Daniel Wellington）征服了世界。他本人曾说："我真正感兴趣的不是手表，而是创造一些看起来不错的东西，让人们愿意使用，这才是我的目标。"

颠覆性创新的另一些案例包括贝宝（PayPal）、Klarna 和 Stripe 等在线支付处理商，这些公司作为传统市场中的数字参与者获得了成功。一开始其可能只是一种简单的支付方式，现在却将挑战整个银行界。

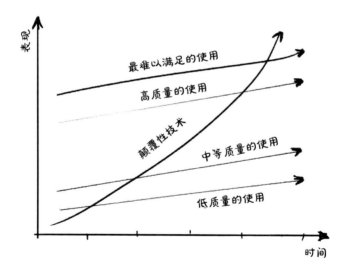

将这样的想法应用于你所在的行业和组织，考虑怎样才能颠覆，什么样的创新可以彻底改变整个行业，同时又能让大众接受？如果你不重塑自我，别人就会走在你的前面。

2

第二部分 ——

数字化
究竟是什么?

第 5 章

世界级的数字化

几乎在一夜之间，互联网已经从一个技术奇迹变成了一个商业必需品。
——比尔·施雷德（BILL SHRADER）

要想在未来获得成功，当务之急就是学会在数字大潮中冲浪并借力前行。不知道你是否冲过浪，但就像大多数运动一样，你需要综合利用好各种因素才能成为冠军。年复一年，世界纪录屡被打破，冲浪运动变得更快、更强，这与运动员本身的进步及日益改进的运动材料密不可分。由此可见，运动员要达到巅峰状态，需要刻苦训练，并综合运用技术与人力。

如果我们看看公司在数字革命的下一阶段所面临的挑战，也会发现同样的情况：当竞争对手开始利用新技术时，你将越来越难停留在原地。可以想象，如果你带着 20 世纪 50 年代的球拍来参加温布尔登网球锦标赛或美国网球公开赛，同时还带着伤，你肯定比竞争对手反应慢很多，很可能连第一轮都挤不进去，而且几乎不可能在比赛中获胜。

企业组织要达到世界级的数字化水平，就需要正确的工具以及能运用和掌握这些工具。这正如教练在任何运动中发挥的作用一样，他们都需要运用领导力来协调推动运动员的发展。由于运动员的表现受到其意志、抱负、性格和耐力的影响，因此至关重要的是，教练（领导）要在整个过程中起到激励作用。

我们意识到自己可能难以理解未来会发生多大的革命性变化，这种未知可能会使一些人感到惶恐，进而导致我们的防御机制失控。

也许这样的机制让我们认为最好还是静观其变，或者应该等待尘埃落定。在此，我们要重申之前的观点：未来的步伐只会越来越快，我们经历的变化只会越来越多，技术和数字化的影响只会越来越大。

对许多人来说，房子是一生中最大的投资，从设计蓝图到入住需要很长的一段时间。如果将其与数字化开发相比较，可以设想这样一个场景：客户想要定制设计两倍大的房子，但成本只有原来的三分之一，客户非但不想投入或者借用一美元，而且，房子还需要在一个月之内准备好。

这听起来是不是很夸张？然而，这个场景与今天 ERP 行业中许多 IT 公司所面临的挑战非常接近。一家 IT 公司的解决方案是基于新技术、新方法和全新的商业模式：即基于云的系统，针对低工资国家／地区进行调整，允许客户按月支付包括软件升级在内的费用的模式。在类似的挑战下，一个木匠很可能需要找到新的工具，但也要调整他的操作以便使用好这些新工具来满足需求。

"数字大师"一词是作家韦斯特曼、博内特和麦卡菲在 2014 年出版的《DT 转型》（*Leading Digital*）一书中提出的，该书对世界不同地区不同行业的公司进行了深入的分析，主要关注数字能力（是什么 WHAT）和领导能力（如何做 HOW）。

基于这些分析，他们将公司归为四类：

- 初学者——那些在两个维度都能力欠缺的公司，技术成熟度低，不了解如何指导变革，因此面临一系列棘手的挑战。
- 时尚派——早期采纳者，他们在早期就购买了新技术和新系统，但心中并没有具体的计划。对他们来说，在应对数字化问题上，走在前列比拥有可行的战略更为重要，这样做的结果是许多投资被虚掷，或被闲置。新系统的使用少之又少，因为需求根本没有在组织内扎根。除此之外，他们对于在内部的推动发展也操之过急。这类组织的不同部门往往使用着不同的系统，而这些系统或多或少并不兼容。

- 保守派——他们与时尚派对立，尽管他们有高超的能力领导变革，但其极端的谨慎导致他们对每一个决定都要前思后想，他们最强大的内在动机是控制和安全，这反过来又阻碍了数字化发展。
- 数字大师——在以上两个维度同时展开战略工作的佼佼者，他们拥有包括数字化在内的创新文化，数字化成为最强的适应范式。因此，要想成为数字大师（我们将在后面深入探讨），意味着要在结构（包括技术、平台、流程、组织和商业模式等）方面和文化方面不断变革。

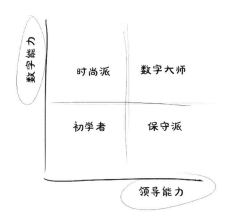

上述比较显示，数字大师的利润率比平均水平高26%。初学者为 -24%，时尚派为 -11%，而保守派则比平均水平高9%。这意味着，数字大师比保守派的利润率高出17%。

数字工作空间的另一个术语

工作空间是一个经典的说法，在过去一直被用来描述物理的工作空间，我们工作的环境，我们朝九晚五工作的办公室。

今天，虽然仍然还有人将弹性工作时间视为一种福利，但大多数人对此已经司空见惯了。原先的界限已经被抹去。人们想在哪里工作就在哪里工作，想什么时候工作就什么时候工作，这种自由是目前正在发生的范式转变的一部分，正是数字技术使之成为可能。不久前，实体工作空间的趋势向基于活动的观念转变；同样，数字工作空间也正处于一个新的阶段，其重点在于人际合作及每日的产出，一切环节都被优化，用以推动带来创新、知识共享、效率和理想文化的行为。

数字工作空间就是要从使用者而不是管理者的角度看待一切，就像数字化转型的其他方面一样，它更多是关于文化变革和对经营的理解，而不只是关于技术。伴随着传统内联网的过时，数字化工作空间登场，现在对如何开发数字会议场所有了新的规范。对这个领域有许多定义，以下是其中的一些：

- 数字工作空间是一个组织为员工提供的所有数字化工具的集合，以便他们能够完成自己的工作。
- 数字工作空间是与公司的关键业务系统联系在一起的内联网。
- 数字工作空间是单个员工的个人定制设备集合，通常使用软件和解决方案。
- 数字工作空间存在于人、组织和工具的交集中。
- 数字工作空间是以持续的有意识的方式提供一个更适合消费者的计算机环境，从而促进员工的创新和灵活工作。
- 数字工作空间提供了一个环境，在这里员工可以轻松分享他们的知识，并在一致的体验中找到他们需要的东西，无论在什么设备上或什么地方。

如果要用一句话来概括我们对数字工作空间的看法，那就是这样：

数字工作空间包括数字化系统、解决方案和应用程序，其中领导、员工、顾客、供应商和合作伙伴被整合在一起，在此基础上可以实现未来的商业模式。

一个知识工作者每天有 50% 以上的时间是在办公桌以外的地方度过的，这并不罕见。在数字革命的下一阶段，知识工作者相当一部分时间将花在数字工作场所中，即与系统、解决方案和辅助工具打交道并运用其工作，这些系统、解决方案和辅助工具目前正在进入数字化转型阶段。

来自咨询公司 DIWO 的古斯塔夫·莫尔纳（Gustav Molnar）用 10 个维度来描述数字工作空间的成熟度。当我们确定提升数字能力（即数字工作场所）的方向时，应考虑到以下几个方面。这既适用于数字化愿景规划，也适用于发展战略制定。在数字环境的发展过程中，我们选择将这些作为贯穿每一次变革的里程碑。每一个维度都可以用从 0 到 5 的值对现状、进步的程度以及当变革实施后实际的结果进行评估：

- 搜索与可检索性
- 合作与协作
- 创新的力量
- 文化与投入
- 沟通
- 可用性
- 安全性
- 对流程的支持
- 战略与业务
- 移动性

如有需要，可以在组织内部或者向组织外部寻求帮助，对当前阶段进行评估，然后对每一个新的变化进行评估，这样一来，就可以更清晰地驾驭转型。

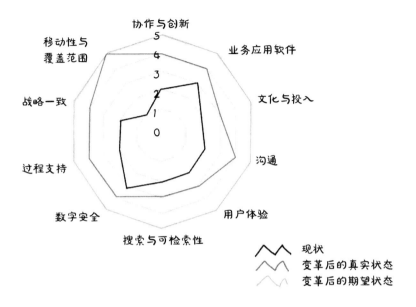

在开发数字工作场所（或数字能力）时，我们将其分解为四个组成部分：

内部数字化、外部数字化、商业模式和文化，之所以分为这样四个部分，是因为每一部分对最终取得成功都发挥着同等的作用。一开始就要认识到一切都要优化，要跟随变革的文化及新的领导力，将数字化与变革的工作方式相结合。这里说的"一切"指的是所有内部流程和系统、顾客互动和顾客关系以及商业模式。一切都应该是可得且可连接的。

内部数字化是指在数字技术的帮助下，对运营的内部流程和系统进行改造。这可能意味着企业资源规划（ERP）系统在登记一份订单时自动计算净需求以便提供准确的交付时间，也可能意味着在客户关系管理（CRM）系统中构建顾客数据和以顾客为中心的流程。

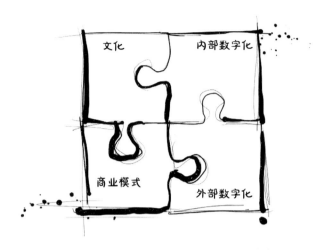

在过去，公司在运营上不得不纠结于矛盾的两端，一端是标准化、控制和指导，而另一端则是灵活性、创造性和自由。有时，这些不同的状态也被称为结构和文化。初创企业灵活性很高，企业中的每个人都在一起肩并肩战斗，绽放创造力。尽管随着组织的壮大及客户的增加，需要管理的关系以及沟通方式越来越多，需要作出的决策越来越多，随之会发现效率越来越低，甚至利润率也每况愈下。

对此，解决办法也许是组织结构新的重组，领导力以及会议、报告和财务制度重建。这些举措可以建立起标准的日常工作程序。然而，有一天人们忽然意识到，曾经的工作场所是那么美好，那么自由，现在却已变得规范化且工业化。

那种"过去的日子里一切都那么美好"的感觉会开始浮现，如果用 0～10 分来衡量组织的文化与结构，似乎我们在组织结构上的得分有所提高，但在文化上有所下滑，因为在这样的环境中，人们往往忘记了公司的实际使命。

数字化有助于解决这一矛盾，使标准化管理成为可能，同时为自由留出空间。

当我们既运用信息数据库又激励人们在解决问题时贡献他们的

解决方案，这样的顾客服务就体现了上述的理念。为了让顾客获得一致的体验，顾客服务过程应该是标准化的，但与客户的互动和问题解决方案可以按个性化的方式进行。在这里，员工有权从标准的解决方案中做出选择，或者凭自己解决这个问题，然后在公司的平台上公布这一创新的解决方案。

另一个例证关系到领导者的角色，数字技术帮助他们实现从传统的垂直等级管理（经理—雇员）转变为扁平管理（团队）。通过数字技术，可以增加组织的透明度，可以更清楚地知道"谁做了什么贡献"。如果员工的行动可以被清晰、透明地看到，他们就更有可能在行动之前谨慎思考。

在内部数字化方面，一流的企业会做以下这些工作。

1. 深刻理解高效数字平台的价值，该平台的组件既能实现标准化，又能让用户自由选择。

2. 在解决矛盾的方法和工具上投入，提供将标准化与自由和自主权融为一体的解决方案，并将内部控制转向扁平管理。

3. 专注推进组织透明度与内部沟通，以数字技术为平台，将好的范例可视化，从而形成一种持续前进的动力。记住：同事不会听你说什么，而是学你做什么。

外部数字化是指通过向顾客提供传统物理渠道以外的数字化选择来优化营销、客户招募、互动和关系管理。由此，顾客的需求在自己的条件下得到满足。

就营销而论，这意味着必须有效地利用自有媒体、付费媒体以及免费媒体（我们将在后面进行探讨）。就顾客关系而言，意味着以更具吸引力、更有价值的方式吸引顾客——即发展出自愿回购的"数字客户集群"。

在外部数字化方面，一流的企业会做以下工作。

1. 投入时间收集数据，了解顾客需求。分析顾客与企业之间的触点，根据触点对客户体验的重要程度来确定优先排序，其中最重要的触点被称为"关键时刻"（Moments of Truth）。

2. 利用数字技术接触（分享信息／进行沟通）潜在客户及现有顾客，通过在技术上大力投入来提升吸引力与顾客忠诚度。

3. 在战略上将顾客视为管理的第一要务，并由中层管理人员在战术上、基层员工在操作上贯彻落实。采用有促进作用的解决方案，掌握以顾客为中心的关键数据，这些关键数据在管理过程中被用作指南。理解客户的想法是什么很关键，一流企业会通过反馈系统不断对客户的忠诚度和满意度进行评估。最重要的是，他们能在48小时内为不满意的客户解决问题并形成闭环，这从客户忠诚的角度来看堪称"最佳实践"。

4. 将顾客与企业之间的物理触点及数字触点巧妙地整合在一起，确保各系统连接畅通，无论在哪里、与谁接触、何时接触，客户都能获得高度一致的体验。

"商业模式"涉及企业与顾客之间交易的方方面面，包括交易的是什么，如何交付，如何设定价格，如何付款，以及在生态系统中如何分担风险。过去几年，我们看到越来越多全新的商业模式进入市场，在不同程度上起到了颠覆性的作用。实际上，有若干方法可以使你的商业模式变得独特，对公司的各个方面更有价值，我们将在后面进行探讨。

"文化"涉及从当下的文化过渡到对未来运作来说最优的文化，是希望员工在工作中体验到的感受。这里有两个不同的方面，无论起点如何，都应将其融入企业文化之中：a. 数字化；b. 变革。

下面让我们通过真实的例子来分步阐述如何建立世界级的数字化运营，使其更切合实际应用。

第1步

X公司是一家B2B分销商，在欧盟境内的某一国家拥有实体商店的渠道。公司的目标是增加收入，同时提升顾客忠诚度，也就是提高推荐值（NPS）。在分析了顾客的需求和渴望之后，他们决定首先解决内部流程和系统的问题，为未来的拓展搭建平台，为此他们实施了以下举措：

- 客户关系管理系统（CRM 系统）——将所有与顾客有关的数据以及销售和服务导向的活动收集在一个系统中。该系统通过分类和大数据分析，计算出在某一时间点应该联系哪些顾客，并为销售人员提供联络信息。
- 学习管理系统（LMS 系统）——由于终端顾客寻求专家的意见，组织需要在技术领域、新产品等方面不断进行自我学习更迭。同时，该平台也成为衡量以及确保组织竞争力的起点。
- 客户净推荐值系统（NPS 系统）——专注于与顾客对话，通过跟进会议及交易过程，向顾客询问一些简单的问题，了解有关销售人员的服务、如何改进交付及整体顾客互动等情况。

上述举措包括数字化参与（游戏化）的内置功能，用来推动组织活跃度的提升、围绕顾客的合作以及系统的一般使用。该解决方案通过提供虚拟认可（包括奖牌、奖杯等奖励）或者是虚拟资产，让员工可以在特定时间将其兑换为额外的假期、培训或对自己有价值的产品。所有这些虚拟认可和虚拟资产的发放及使用都通过移动的形式，在员工的手机或平板电脑上即可实现。

第 2 步

一段时间后，顾客的实际体验得到了提升，随后这家公司又迈向了第二步——投入建设一个顾客平台，来增加其吸引力，用数字化的形式替代与顾客面对面的接触。通过顾客平台和数字通讯进行产品信息的传播。

随着电子商务的发展，顾客现在可以通过在线平台来下订单。

平台中还包括一个论坛，顾客可以提问题，从经销商那里得到回复并与其他地方的顾客共享信息，由此营造出一种顾客社群的感觉，为分享想法、讨论竞品的优劣及解决问题打开了渠道。

这套解决方案带来的显著变化是，现在500家实体店面也被激励在顾客门户平台做出贡献。对公司提供的产品和服务而言，顾客门户平台成为重要的数字化组成部分。

同时，公司制定了数字营销战略，以确保所有的互动（通过自有的、付费的及免费的媒体）给出最佳的结果——即找到、赢得、保持并发展顾客关系。数字技术使得营销的成本效益提高，因为获取每一位新顾客的成本大幅下降，这使得组织能吸引到更多的顾客。

一切都做到迅速反应，并且为移动使用进行了优化。类似脸书和Instagram这样的社交媒体也被用来传播公司的品牌。

第3步

X公司采取的第3个步骤是从目前的B2B（企业对企业）转向整合的B2B2C（企业对企业对消费者）。在此步骤中，现有的中心社群和在线商店进行了扩展，以支持对终端顾客的直接销售。旧的间接模式转变为新的生态系统，这意味着商业模式将在很多方面发生变化。例如，我们可以在新的忠诚度模型中看到，公司需要通过激励客户（即经销商的商店）去激励他们的顾客（终端顾客），通过授权的在线商店进行购买。然而，这还不够，因为终端顾客还必须感受到自己获得了与竞争商店同等甚至更多的折扣。实现这一目标的关键就是引导你的经销商，以便他们去引导他们的顾客，这是数字化技术尤其擅长的。

通过为终端顾客提供更丰富的体验，让他们将自己链接到"他们的店铺"，并得到特别的优惠，同时也增加了向更多人传播信息的机会，带来更多顾客。所有这些举措都建立了更广泛的顾客基础，因为这些顾客因其工作、团结和忠诚度得到了相应的回报。

应用程序技术（App）能够与顾客建立联系，并通过提供更多、更好、惠及顾客日常生活的服务，对顾客产生吸引力。移动性至关重要，因为应用程序的解决方案会影响到你庞大的顾客群。当我们能够协调、管控人们如何在社交媒体上传播我们的品牌时，真正的效果才会出现。这里存在的挑战永远是——要敢于迈出第一步并将这股力量完全释放出来。谨慎的管理者会担心顾客的意见无法被控制。但现实主义者明白谁都无法阻止顾客的意见。我们最好大方地承认这一点，并且在战略家的帮助下尽力在网上推广品牌宣传和品牌大使，在社交平台上的推广尤其重要。

受这一系列操作和组织深度参与的直接影响，企业文化发展为数字与模拟的结合。在这种文化中，员工学会享受变化带来的快节奏，同时公司的评判标准也更加严格，并始终从顾客的角度看待问题。

以上是商业模式变革的一个案例，该模式带来了经销商和顾客之间的资金流。最后，这样的变革形成抵御竞争的力量，同时建立起可提升收入的模式。这种模式意味着当其他顾客推荐的顾客首次购买时，网上商店将提供 10% ~ 15% 的额外折扣。不必担心，客户数量和客户价值的增加都大大弥补了这一点。

这个案例彰显了一个重要的成功因素——必须愿意投入并有改变现状的勇气，为了达到世界级的数字化水平甚至不惜从最根本上进行变革。

第 6 章

内部数字化

想象一下这样的世界，即地球上的每个人都能免费获取所有人类知识的总和。

——吉米·威尔士（JIMMY WALES）

　　长期以来，IT 系统一直是大多数组织基础设施的重要组成部分。一开始，只有少数人知道如何浏览这些系统，而且仅有这些少数人被授予权限。现在，这种情况已经完全改变，系统对所有人都是开放的——过去的特权已经成为现在每位员工的工作日常。

　　要实现不同的功能，就需要采用不同的程序。各种需求被收集在一个根据瀑布模型执行的传统 IT 项目里。前期调研和项目企划由上百个小任务组成，这些都是根据工作分解结构（WBS）模型进行的任务分解。这些功能需求通过顺序或平行的方式进行规划，最终引发"大爆炸"——项目的启动。

　　来自 IT 供应商和组织内部的项目经理们负责推动项目并向代表双方的指导委员会报告。项目经理的任务是处理项目的三大支柱——范围、时间和资源——并根据优先级进行一轮轮决策。在项目过程中有时需要追加预算。许多大型 IT 项目因遭遇失败而被媒体报道。

　　失败的 IT 项目记录，在市场中形成了一种隐约的不安全感。不愿做出决策使组织变得谨小慎微，这使得大量的需求积压，反过来又导致了这样的情况：当最终做出决策时，IT 项目所涉及的范围会比以前大得多。这与害怕去看牙医的情况如出一辙，你一直在拖延，随着时间的推移，问题越拖越大，最后，你嘴里满是蛀牙。

然而，现代社会已经改变了IT系统的功能以及人们对实际项目的看法。新的、敏捷的方法正在取代瀑布模型。

IT系统是一个抽象的术语，包含了信息技术领域内的若干数字解决方案。为了帮助你进行分类，我们首先将系统分为两个领域——核心应用和支持系统。

核心应用

在这里，我们放置关键业务的解决方案以及与业务运作有关的系统。

- 顾客关系管理（Customer Relationship Management，CRM）
- 企业资源规划（Enterprise Resource Planning，ERP）
- 产品生命周期管理（Product Lifecycle Management，PLM）
- 主数据管理（Master Data Management，MDM）

顾客关系管理（CRM）

CRM通常被称为顾客关系管理，其实这并不是对该术语的完整描述，它实际上是管理顾客关系领域关键部分的集合。简单来说，我们可以把CRM系统看成是支持三个主要流程的解决方案：营销、销售和支持。

正如我们将在后面看到的，越是在数字化的进程中，营销越能发挥核心作用。我们需要找到潜在买家，并尽早地让他们知道我们的存在。

即使购买过程发展到更加自动化、数字化的程度，仍然有些人觉得这个过程中需要人际互动。CRM系统的作用是：a. 收集所有关于顾客的相关信息；b. 在整个销售过程中为企业提供支持，帮助销售部门专注于最重要的任务；c. 对未来的销售做出相关的预测；d. 为销售经理们提供引导企业组织所需要的工具。

当潜在顾客真正成为顾客时，交付往往是通过其他系统进行的，而每次交付之后都会有一个售后市场。虽然这取决于公司经营的类别，但重点应该放在服务、支持和追加销售上。在汽车行业，售后市场以服务和销售备件的形式存在，通常比实际的汽车销售更有利可图。在电子行业，现有的顾客联系用于推动周边产品和服务的销售。

企业资源规划（ERP）

ERP 这一术语通常包含对采购、库存、生产、销售、财务和人力资源等流程的支持。

大多数 ERP 系统仍然是以产品为中心，并遵循从原材料／组件、生产改进到库存和经销的价值链。对一家仅从事经销的公司来说，其价值链相应简化，只包括采购、库存、销售和财务。ERP 系统通常支持三种主要类型的组织——物流／贸易、生产和服务。在今天，这些功能往往被合并为一个完整的解决方案，作为一个整体聚焦业务。因此，以产品为中心的系统正朝着更全面的方向发展，这在更大程度上需要一个更完整的系统集群，包括 CRM 和 ERP 都被整合到营销—销售—配置／生产—交付—售后的全过程中，呈现出一幅清晰透明的整体运营全景图。

新的商业模式要求系统以不同的方式运转。传统的 ERP 系统根据原材料、工作内容和管理费用计算产品的单位销售价格，这受到了新业务方式的挑战。现在的标准大体都是将顾客和个人交易作为重点，因此，衡量某个确切产品的贡献变得愈加困难。

ERP 系统是最为复杂同时也是对运营最为关键的应用软件之一，即使每个本地市场都有大量各式各样的 ERP 系统存在，但并购联合的最终结果是少数 ERP 企业主导着全球市场，例如思爱普（SAP）、甲骨文（Oracle）、微软（Microsoft）、Infor、Sage、Epicor 和 IFS。

今天，ERP 系统的一个典型特征是从一个标准设置开始，这些设置往往适用于特定的行业，但是会为顾客进行个性化配置以适应其运营。

在以往，使用 ERP 的一大挑战在于升级版本时必须重写定制，这无疑增加了复杂性，迫使公司为了不升级而一直将就使用早期的版本，这与人们拖延去看牙医的情况是一样的。就复杂性而言，升级往往是一次新的安装。然而，一些更先进的系统可以允许在升级的同时仍然保留已调整的定制部分，在某种程度上，这使得随着时间的推移不断改进成为可能。

产品生命周期管理（PLM）

PLM 的核心是管理产品以及产品在整个生命周期中的信息，这里所说的生命周期是宽泛的，包括从创新阶段——产品的开发——产品的销毁或回收。在 PLM 系统中，关于产品的信息可以通过版本管理以及相互连接的数据来创建、存储和管理。

PLM 系统支持产品生命周期中的每一位参与者。管理和协作超越了生产公司的限制，客户、分包商和合作伙伴都被包括在内。CAD系统，包括蓝图、物料清单（BOM）等被创建并与 PLM 系统集成。在数据库中，每个产品的元数据都得到了管理。在处理的每个阶段，产品都要从系统中检出，审核，再检入。PLM 系统保证了全过程的版本管理。

主数据管理（MDM）

在具有多个数据源的复杂操作中，对共同参考点的需求有所增加。有几个问题直接影响着从事业务的可能性，例如产品 / 顾客的概念意味着什么，需要哪些分类以及哪个系统应该作为主系统。

事实上，许多公司没有对其关键数据进行管控，这导致了挫败、低效与决策失误。在大型企业中，主数据是特定的，而小型企业则不然。小型企业的 IT 系统较少，仍然可以通过系统地图进行管理。然而，随着更多的系统被采用和整合进来，复杂性随之增加，失控的风险也不断增加，这一切促使人们对公司的数据进行整体管控。

我们可以看一个相对简单的例子。一家通过不同渠道进行销售的公司很容易发现这样的需求：他们的电子商务系统、ERP 系统、商店里的 POS 系统以及 CRM 系统一起共享顾客和产品信息，如计算价格、销售价格、产品单和其他描述性元数据。但哪个系统是主系统，整合图是怎样的？四个系统和相对较少的收入就能让整合图看起来杂乱不堪。

主数据管理系统就像一个数据平台，被整合到系统与人之间的精简数据分享中。在该系统中，所有权被明确指定，一个主系统向其他系统提供业务数据。

特定行业的应用程序以及那些特别开发的应用程序都属于"核心应用程序"的类别。这类软件还包括预订、销售终端（POS）和其他形式的交易业务系统，这些系统的共同之处是，它们一旦瘫痪，往往损失惨重，代价不菲。

支持系统

支持系统帮助人们协作、沟通与整合，可以使运营变得更简单，在组织中起润滑作用。近来，由于对知识、沟通、协作和参与的需求增加，人们更加关注这些系统。如今，组织变得越来越移动化和去中心化，数字会议的需求更加旺盛。这些支持系统包括：

- 学习管理系统（Learning Management Systems，LMS）
- 协同管理（Collaboration Management）
- 反馈管理（Feedback Management）
- 人力资源管理（Human Resource Management）
- 数字化参与（Digital Engagement）

学习管理系统（LMS）

在线学习（E-learning）通过数字技术传播知识，20 世纪 90 年代末就已经存在。今天，市场上有大量的 LMS 系统，通常是通过云以及订阅的模式提供一个学习平台。通过创建不同形式（网络、文本、图片、视频等）的教育内容得以快速触达市场，成本效益很高。用户在线学习一些材料并完成一系列任务，以作业的形式反映在线教育的成果。许多系统还通过视频界面提供直接互动的演示，教授可以透过视频举行讲座，以此作为其授课的一个环节。

数字格式为开发自动自适应学习创造了机会。在这种学习中，内容、方法和学习时间是为用户定制的。从全球视角来看，数字化远程学习对向渴求知识的人传播知识提供了巨大便利。今天，已经有无数的大规模开放在线课程——慕课（Mooc），任何人都可以在网上报名听课。

实体教科书被数字化，并通过订阅的模式在线提供。你可以花上几个小时在诸如 MindTools 这样的网站浏览，那里有丰富的知识、领导力培训、学习清单和实践案例，可以在不同形式的媒体中使用。

在线学习是一个必将继续发展的领域，越来越多的参与者将推动更加丰富和互动的环境。Skillshare 是现代风格教育平台的另一个代表，那里有成千上万的在线课程，人们可以通过手机或平板电脑上的应用程序轻松访问。

还有一些应用程序的功能更进一步，帮助你在日常生活中通过类似认知行为疗法（CBT）进行训练，这样的解决方案允许你选择自己想要发展的领域，并提供一个平台分享来自其他用户的想法和反馈。例如，Runkeeper 应用就通过激励用户多去练习以养成一种习惯（比如跑步）。

协同管理

推动协同和资源共享的平台被放在协同管理类别中。这个类别包括内网技术和其他类型的协同平台。

许多内网存在的问题是，它们往往变成了一个文件的存储空间而不是最初设想的协同平台。许多组织想努力创建一个人人都想一上班就进入的内网，以此开启一天的工作。然而，许多员工根本没有时间访问内网，因为他们很忙。

2006 年，哈佛商学院的安德鲁·麦卡菲（Andrew McAfee）创造了"企业版 2.0"一词，作为升级版内网系统的统称。这种新系统为用户提供了以协同的社交形式贡献信息并获取信息的机会——非常像公司版的脸书。通过 Wiki、博客、重要信息的标签、新闻提要和开放的信息流，该组织以一种松散、朴素的方式建立了一个交互空间。现在协同管理软件发展十分迅速，很多平台都在为企业提供社交协同工具。

反馈管理

最好的反馈往往是当面给出的反馈——它能让你感知到情绪、未说出口的话语并使误解更容易澄清。但如果没有时间与顾客和雇主面对面交流，那么你们能做什么？怎样才能了解他们对某项决定、某项交付或最新的商业战略的感受？数字技术，有助于你们从"认定"某件事情走向"了解"事情的真相。

反馈管理是给顾客和员工一个发声的渠道，由此了解他们的看法。大多数公司都运用某种方式来了解员工或顾客的态度，通常是每年一次或随机进行。以前，我们不得不填写纸质版的表格，之后又发展为各种数字形式。我们对放在商店、银行和机场的这类机器司空见惯，你只需按下四五个按钮中的一个，选填消费体验或整体感觉即可。这种方式提供了从分析的角度很难解释的不记名的反馈。那么，究竟是什么影响了某一天的评分呢？

重要的并不总是提出哪些问题去收集反馈，而是反馈本身能对组织产生什么影响。

自从弗雷德·赖克赫尔德（Fred Reichheld）在他的书《终极问题》(*The Ultimate Question*) 中提出了一个著名的问题——"你向朋友或同事推荐我们的可能性有多大（从 0 到 10）"以及 NPS（净推荐值）的概念后，我们看到围绕"反馈"这一业务的行业迅速发展。NPS 的独特之处在于它的简捷有效——既然你对我们很重要，那么了解你对我们的真实感受对我们来说就很重要。随着 NPS 的出现，不记名反馈逐渐淡出。NPS 发展成为大多数行业的标准。几年后，应用的差异日益明显。这一点在赖克赫尔德的第二本书中得到了强调，书名极富创意——《终极问题 2.0》。那些在自己的行业中成为 NPS 领导者的公司，其成长速度超过了他们的竞争对手。赢得这场比赛的公司大都具备以下三个特点。

1. 最高管理层相信 NPS 是一种理念，并将客户忠诚度放在其工作议程的首位。

2. 公司持续监测 NPS。

3. 他们将 NPS 系统化以便实现"闭环"，建立流程，培训组织中的人员，并在 48 小时内回应客户。

将顾客 / 员工的态度纳入系统对许多组织而言仍然是一种挑战，因为这需要公司在结构上和数字化上采取措施。系统必须整合，人们必须接纳一种文化，在这种文化中，反馈不仅有价值，而且很关键。

Satmetrix 的调查显示，在参与评估的公司当中，只有 5% 的公司真正对整个流程进行了管理。反馈管理的开发也从高成本的大型企业解决方案转向简单的基于云的应用程序，其中一些甚至提供了零成本的最低进入门槛。此外，整合与平台思维仍然是使整个项目顺利进行的关键。

在员工态度调查领域也正在发生很多变化，而且从年度反馈到持续反馈是大势所趋。由此，员工有机会对不同的问题表达自己的想法。服务于这一目的的应用程序成为数字化大拼图的重要组成部分，因为应用程序允许公司监测到这些变化在如何影响组织，并指明了需要着力优化的地方。这一点我们稍后再详细介绍。

人力资源管理

在人力资源系统中，每个人的胜任力、能力与围绕组织相关的其他手续一起被纳入管理。

在比较大型的组织中，人力资源系统包括组织层次架构图，这张图直观地描述了在后续工作中各层级岗位的不同责任。在这里，我们还可以找到工资单、工时报告、员工计划、绩效、奖金和激励等系统。人力资源部门使用上述系统进行员工敬业度、反馈以及能力发展等管理工作。

在运营中，人力资源系统支撑起以人才为中心的工作流程，即人才吸引—人才招聘—人才入职—人才发展。数字化提高了这一流程的自动化水平，因此人力资源系统变得越来越重要。对专门从事人力资源业务的公司来说，人力资源系统就是公司的核心系统，在其他大多数情况下，人力资源系统被视为一个支持系统。当然，每一家经历过薪资系统停机的公司可能也会认为，这是一个关键系统。

数字化参与

数字化参与是一个全新的热门领域，尽管它可能不像前面提到的领域那样知名。然而，它对数字革命下一阶段的贡献将十分巨大。这一行业在英语中被称为 Gamification（游戏化），这个名字带来了一些误解与怀疑，因为它与"游戏"一词有关。对游戏化有很多定义，最常见的是将游戏世界的机制加入传统的操作中以推动用户参与和激励。

随着人们投入参与经历的挑战越来越大，人们对反馈的需求越来越强烈，我们需要新的方式来满足这些需求。那些每天看智能手机二百次的人对数字刺激有很强的依赖性。

我们必须接受的一点是，从现在开始，任何形式的软件都要求具备有吸引力的用户体验，并能真正激励用户使用。此外，还必须认识到我们已经无法以人们现在习惯的速度提供传统的模拟反馈，这不是一个"速度""效果"二选一的问题，而是要两者兼顾。通过挑战、认可、奖励并且运用数字手段可视化所取得的进展，能更有效地完成明确的任务。这可能意味着公司要建立一个新的系统，从文化的角度变革对员工的教育并推动其行为的改变。

那么，数字化参与到底是什么？它是指将大的远景分解为小的挑战并持续地呈现可视化进展。如果你跑过马拉松，那么你一定知道我们在说什么。要完成一场马拉松比赛，你在身体上肯定会筋疲力尽，但首先还是精神上的挑战。许多传统的工作就像在没有手表、里程碑或人群为我们加油的情况下跑马拉松。我们确实有一个目标，但它未免遥不可及。在工作中，我们并不总是知道自己已经跑了多远，速度有多快，或者前面还有多少英里①。现在，让我们将这样的工作与一场在纽约秋天举办的马拉松比赛做一比较。在比赛中，你一路奔跑，穿越纽约的五个区，沿途都有明显的里程碑标识，而且Runkeeper App 在整个比赛中为你提供持续的反馈。

---

① 英制长度单位，1 英里约为 1.6 千米。——译者注

你从斯塔顿岛跑过韦拉扎诺大桥到达布鲁克林。人们在沿途为你加油。因为衣服上写着你的名字，你能听到陌生人都在呼喊你的名字。你跑过皇后区，身边有数以百计的参赛者与你分享共同的体验，你们都一心想完成比赛。

在跑过皇后区大桥之前，你刚刚越过 15 英里的标志。这时，从桥的另一边——从曼哈顿和第一大道，你可以听到数十万人的欢呼声，他们夹道欢迎参赛者沿着长长的大道前进。之后，你向布朗克斯跑去，在那里你再次调整步伐，中央公园就在你的右手边。迈着疲惫的双腿，你绕过公园，那里到处都是人们的欢呼声。现在，目标越来越近，胜利在望。在穿越终点线时，你加快了步伐，虽然精疲力竭，但是你非常幸福，因为这一路都有怀着同样梦想、同样目标的人与你在一起。

数字化参与平台可以很好地整合到日常工作、CRM 系统、公司内网、ERP 系统中，或者通过单独的应用程序进行整合。在两全其美的情况下，虽然我们做的还是日常的工作，但通过增加激励性挑战和反馈，这些工作变得更有吸引力。有了明确的目标，必要的行为改变就开始了。行为本身被分解为若干独立的行动，挑战的设置则基于玩家的驱动因素。奖励以虚拟货币和激励的形式出现（就像激励我们学习的小红花奖——这样做的意义不是多快能获得小红花，而是帮助我们获得完成某项任务所需的能力）。所有的操作都是可视化的，通常体现在一个信息流中，或在一个或多个持续显示结果 /分数的排行榜上。

数字化参与现在已经被频繁使用，而且市场前景也很可观。世界上最大的 ERP 供应商 SAP 在其新版的 HANA 中推出了游戏化平台，其他许多软件供应商也增加了奖励用户的功能，以提高激励水平。从表面上看，现在似乎数字化参与已经成为一种必然，而且往往有效，这就是为什么我们想在这里给出一些提示：

- 只能以人们真心认同的东西来激发他们的参与。让人去做违背他们意愿的事情是不可持续的。

- 要吸引人们，就需要不断变化。因此，你们不可能一边想着得到好的反馈一边却只提供单调的体验。恰恰相反，人们不断需要新的挑战。

- 人们的动机各不相同。有些人参与的动机是成功和登上榜首；更多的人则希望在他们所做的事情上达成更高的目标，他们也许受合作、社交或帮助他人的因素所驱动；而有些人则更多地被学习和探索新事物所驱动。

- 以平台思维建立起数字化参与平台，就是真正在为长远考虑。无论数字化参与的目的是什么，你都能在需要时激活这一功能并同步提供一致性的体验。

- 利用数字化参与的机会来提升"无声的价值"——那些通常不写在工作描述中或不在工资谈判中讨论的事情。这些工作看似微不足道，但如果每个人都身体力行地做出贡献，那么这些事情就具有很高的价值。

- 数字化参与使个人拥有新的机会感受到自己的价值，同时使管理者对每个人对组织的贡献了如指掌。这反过来又使我们有可能将活动可视化并将其与绩效联系起来。

- 数字化参与可作为创造横向领导力的一种方式。在这里，团队可以清楚地看到谁做了什么，谁没做什么。如果运用得当，这有利于创建新型组织。在这个组织中，人们朝着同一个方向前进并在一个全新的层面上为组织的发展做贡献。

大数据

收集数据和可视化关键绩效指标并不是一个全新的理念，其从20世纪90年代中期就开始备受关注。当时，人们称之为经理信息系统（EIS），这个名字完美地诠释了其内容——经理支持系统。数据为管理人员提供决策依据，而组织的其他成员则必须等到决策做出后才知道方向和指示。今天，大多数人都赞成我们需要"透明度"为组织提供决策的条件。一路走来，EIS 又成了人们口中的"商业智能"，乃至现在的"大数据"。大数据一词说明了在当代世界，越来越多的数据源与数据需要被编译并在组织中共享。

随着用于收集、利用数据的系统变得越来越重要，有一天大数据可能会变成"巨数据"。然而，随之而来的，我们需要使事情朝着一定的方向发展，既是历史事件的结果又是对未来的预测。在数字化的脚步中，我们看到人们对预测性分析很关注，人工智能在规划未来行动中发挥着重要作用。

旅游业是一个先行产业，经历了数字革命带来的巨大颠覆。作为最早受到数字化挑战的行业之一，客户的选择和行为迅速成为焦点。通过预测性分析，在线经销商根据顾客的性别、生活状况、家庭、收入、之前的旅行经历、对营销活动的反馈和反应等因素，向他们提供旅游建议。

第 7 章

外部数字化

一个为了省钱而停止做广告的人，就相当于一个为了节省时间而按停钟表的人。

——亨利·福特（HENRY FORD）

现在是我们检视外部数字化的时候了，这主要涉及与当前顾客和潜在顾客的市场互动。

今天，互联网已经从台式计算机转移到移动平台，在未来将可用于各种设备（手表、汽车或任何通过物联网技术在线连接的设备）。只要有数字网络的地方，就会有数字营销，无论是在付费媒体还是在自有媒体上。当然，当我们花钱买"不看广告"的时候则是例外。

但究竟什么是数字营销？简言之，它意味着让你的信息触达受众并通过数字渠道达到营销目标。在这里，需要说明两件事：

第一，虽然我们关注的是数字化，但传统媒体仍在发挥作用。必须指出的是，在营销中，你必须考虑多渠道，因为传统媒体，如印刷品和电视，对数字媒体有很大影响。从长远来看，一切可以数字化的东西都会被数字化，但我们还没有到那一步。我们仍然阅读纸质杂志、观看传统电视，只是比以前少一些。今天的家庭是跨媒介的，往往同时在多个平台使用媒体。在客厅里，家里的电视可以开着，同时还有手机和平板电脑。现代营销者的思维应该是跨媒介的，能优化组合媒体和平台。

第二，我们不是在谈移动营销，而是从移动的角度谈营销。移动的趋势不是可适应可不适应的，而是你们必须要适应。移动营销往往是大多数人的第一选择。因此，我们不会深入研究你们如何在移动营销方面取得成功；相反，我们把一切都建立在移动优先的原则之上。如果你们这样去做了，事情就会变得更容易、更快、更好。所谓更容易，因为你们必须保持信息清晰简洁以适应移动设备的小巧框架；更快，因为你们可以在任何地方、任何时间触达人群；更好，因为你在顾客最轻松的状态下与他们接触，从而获得了更高的转化率。

下面这个模型描述了三种主要的数字媒体渠道，包含九个重要的领域，你们应当牢记于心。当然，我们将讨论比这九点更多的内容，但这九点是重中之重。

自有媒体

1. 收集数据，成为一个数据驱动的组织。

2. 有明确行为号召（CTA）的平台（例如，你们的网站或其他渠道的本质是什么）。

3. 创造世界级水平的内容。

付费媒体

4. 为社交媒体渠道制定明确的策略。

5. 在广告中使用动态图像（如视频）。

6. 具备强大的搜索能力。

免费媒体

7. 为你们的数字公关传播创建一套行动计划——免费媒体会增强信息的力量。

8. 明确评价策略，用以应对积极或消极的评价。

9. 建立品牌大使制度——有序组织这些品牌大使，使其成为你们的数字传播者。

此外，我们还增加了以下四个词。

- 智能（Intelligence）：一切都与数据有关，通过掌握更多数据从而在营销中做出数据驱动的有效决策。
- 内容（Content）：一切都与发送的信息和它的相对价值有关。
- 个性化（Individualizing）：你们所做的一切都应当有助于满足接收者的需求和愿望。
- 收入（Revenue）：你们所做的一切最终都应该产生收入，无论是直接的还是间接的收入。

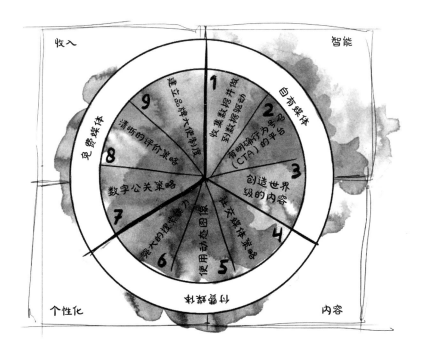

在以上模型中，硬性价值和软性价值均有所代表。

其中，"智能"与"收入"对自有媒体与付费媒体而言至关重要，而"个性化"与"内容"自然更加人性化并富有创造性。但是，自有媒体、付费媒体和免费媒体究竟是什么意思呢？

自有媒体

数字营销的核心是自有媒体。顾名思义，自有媒体就是由你和所在组织拥有并掌控的媒体。自有媒体触达的主要是现有顾客，但其目的也是为了吸引潜在顾客从而打造品牌并间接或直接带动销售。自有媒体可以是网站、应用程序或电子信息——这里的关键在于你们是实际开发人和拥有者。我们将数据和信息纳入这一类别，因为对数据的切实所有权是成功的关键。我们有意不把例如 YouTube 频道或脸书页面等作为自有媒体——因为在那里你拥有的只是一个账户，而自有媒体的定义是你不仅拥有还能控制其内容和数据。在脸书页面上，你们需要依靠脸书的算法来触达你们的受众，因此一切并不尽在你们的掌握之中。

付费媒体

付费媒体意味着你们为流量、覆盖率或转化率而付费。在这里，你们会发现新的受众，即潜在客户。

在过去的几年间，我们看到一个趋势：传统媒体，如印刷品、电视和广播，在与数字媒体的较量中败下阵来，其中移动媒体增长最快，例如脸书的媒体交易。其他的数字渠道还包括《今日美国》《纽约时报》和 eBay。

在后面关于付费媒体的章节中，我们将详细介绍如何购买能带来转化的流量。

免费媒体

在传统意义上，媒体传播只涉及公关，但在数字媒体中，它远不止于此。如果有人欣赏你们的产品或服务，并在他们的博客、社交媒体或在线评论中表达了这一点，品牌就会随着人们对产品／服务的欣赏一起被分享出去。一个产品／服务被一大群人在线分享却没有人为此付费，这正是病毒式营销的成功之处。运用免费媒体，你们能够处理所得到的评论、发展数字公关，并系统地管理活跃的品牌大使。在免费媒体这一领域，培养忠实的粉丝是至关重要的。

交互

在营销人员与媒体的交互中，我们能看到不同类型的自动化或程序化交易。简单地说，媒体交易的自动化意味着市场营销者可以标明预算和目标等，之后软件发布内容和持续更新／变更就能尽可能接近既定的目标。而基于浏览者行为去计算浏览量的算法为广告商节省了时间，他们可以把时间花在创意上，而不必深入分析、调整细节和手动去处理修改媒体的订单。

数字营销带来的最重要的益处在于：

数据

数字营销的核心是一切都可以量化，一切都应该量化，从而尽可能创造最大化的效果。在营销活动之前有相关的书面记录，在营销活动之中实时观察活动的效果，之后收集以往传统媒体无法提供的统计数据，这些都是数字媒体带来的至关重要的益处。

触达

不仅要触达广泛的受众，还可以做到更多。比如根据收集到的访客数据，针对特定的目标群体调整信息。以前，电视是受众广泛一种方式；今天，数字渠道正在全面接管，其中部分原因是数字渠道成本降低，还有一部分原因就是数字渠道能够根据不同的参数选择目标群体。

互动性

数字媒体能提供多种互动方式。一种直接的方式是在有人访问你们的网站时启用聊天功能，而且也可以通过社交媒体和互动性越来越强的横幅广告来实现互动。新的 HTML 技术允许你们实现个性化，从而增强客户体验——这一点是通过传统媒体无法得到的重要益处。

灵活性

另一个不应被低估的益处是灵活性。如果你在杂志上购买了一个广告位，那么杂志印刷后广告的内容就改不了了。但是，在一个数字营销活动中，你可以尝试各种不同的东西，并从成本效益的角度去衡量什么是真正有效的。一个数字营销活动，即使已经启动，仍可以不断被优化，这无异于一种解放，因为它使得营销者的工作效率更高。

不受限于物理环境

数字营销可以在任何时间、任何地点触达任何人，完全不受其所在地点的影响。传统营销往往考虑目标群体或地理位置，而数字营销更多的是考虑用户及他们的兴趣和需求。Fiverr 就是一个很好的范例。在这个自由职业在线平台上，个人和公司不受时区和地点的限制，向全世界的观众推销他们每项五美元起价的服务。

近距离采购

我们常常想通过营销直接或间接地带动销售，而从访问到购买的即时转化是数字营销提供的最大机会之一。实现购买往往只需点击一下鼠标，通常的流程就是搜索、找到、评估、购买。

尽管数字营销具备以上诸多优势，但随之而来的也有一些挑战。

令人费解、复杂难懂

数字营销对许多人来说兼具技术性与复杂性。此外，它还包括若干术语、缩略语和专业的表达方式。如果你不经常与之打交道，可能会不明就里。关于这些缩略词及其含义，可参见附录的列表。

变化快

优势过了头也会成为弱点，而数字环境的另一面是一切都在变化。新技术及其不断改进也带来了一些挑战，公司必须随时了解最新的情况并在其营销举措中保持跟进。如果一个全新的网站需要很长的时间才能推出，在其上线时可能就已经过时了。因此必须做到敏捷，始终采取小步快跑的策略，并且一定要保持灵活。

个性化

数据的可用性意味着营销从目标群体转移到了个体身上。这既是一个机遇，也是一个挑战。在早前，如果你从事营销工作，可能需要与20个目标群体合作，而现在，你必须考虑到个体，了解顾客群背后的每个个体。同时，你必须在个人诚信与个体反感那些过于精确掌握消费者信息的公司之间做出平衡。

广告骚扰

市场上充斥着各种各样的广告，这些广告带来的骚扰让企业难以开展正常的工作。由于广告骚扰的存在，屏蔽广告的功能（所谓的广告拦截器）已经变得越来越受欢迎。根据PageFair2015年的广告屏蔽报告得出的结论，15%的美国网民使用了广告屏蔽功能。在截至2015年6月之前的12个月里，美国的广告屏蔽服务用户增长了48%，达到4500万活跃用户。

然而，发布者不会允许这种情况继续下去，而是可能阻断用户屏蔽广告，要求他们停止使用该功能，或者成为付费用户。

最后，作为下一章的介绍，请思考以下问题：

1. 你所在的公司或组织如何在数字营销的三个主要渠道——自有媒体、付费媒体和免费媒体开展工作？

2. 采用数字营销，你们能从中获得什么益处？

3. 在数字营销方面，你们面临的挑战是什么？

第8章

自有媒体

网站可以一周 7 天全天候一刻不停地推销你们的公司，但没有人会这样做……

——保罗·库克森（PAUL COOKSON）

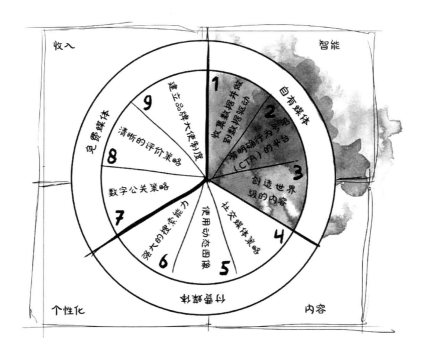

自有媒体是自己可以掌控内容的媒体，应当作为数字营销的基石。

你拥有并掌控这种媒体，意味着你知道应该如何使用它，这是数字存在和营销的基础。正如房子需要稳固的地基一样，自有媒体也需要坚实的基础才能以最佳方式运转。这里是顾客群会花时间访问的地方，如果做得足够好，就能毫不费力地获得良好的宣传效果。这里也是你的潜在合作伙伴和潜在雇员在搜索时了解你的窗口。在这里，你的品牌应该闪闪发光，屹立不倒。

自有媒体意味着你们完全拥有自己的数据、内容和设计，要么自己创建，要么购买服务。所有要素的知识产权都属于自己。公司的DNA——即公司的底蕴和展示出的形象应当具有很高的辨识度，从色彩、样式、图像到视频的一切都是如此。在自有媒体中，公司的文化和价值观应该清晰直观，这就是公司软价值、愿景和使命的所在，在一个数字世界里，我们永远不应低估数字事物变成实体事物的价值。

如果你为了建房子雇了一个承包商，那么，你可以清楚地看到钱花在了哪里。承包商使用工具、购买材料并建造房子。然而，对从事咨询业的公司来说，要解释他们所提供的服务是如何完成的可能会困难得多。因此，自有媒体对咨询公司来说至关重要。通过使用不同的媒体来阐释说明他们的工作，例如，通过采访或播客，公司可以向客户详细介绍自己的工作，从而促进彼此的理解。员工、客户及合作伙伴都是瞬息万变的，但自有媒体会始终发挥作用。

数据、分析和信息都是这坚实基础的一部分。在此基础上，应当建立一个高效的网站或应用程序并提出明确的行为号召。其次，网站或应用程序的内容应当引人注目——包括文本、图像和动态图像。自有媒体相当于顾客之家，他们通过传播的内容来获取信息，如果提供的内容特别有质量，也许会吸引顾客驻足细品，由此促进追加销售。只有当自有媒体基础足够坚实的时候，我们才会转向付费媒体以吸引潜在的新客户。在那之后，我们又将进一步走向免费媒体。不过，在那之前，我们必须更深入地挖掘自有媒体的方方面面。

收集数据并做到数据驱动

数据、分析和信息被称为"21世纪的石油"，我们完全笃定这就是事实。当人们谈到这种现代石油时，涌现出许多有趣的看法，包括任何收集它的人都可以利用它，而且它不受地理区域限制。数据可以被视为数字化带来的最大益处之一。不过，前提是你知道如何利用它，因为数据与原油有着某种共同的特点，即他们都需要被提炼才能成为具有实际价值的东西。

现在不再是谁挣得多谁来做决策的时代，而是要让数据驱动基于事实的决策——这种决策不是基于你对某件事的感觉，而是基于知识。大型机构已经意识到，他们拥有大量的数据，但这些数据本身并不具有价值。数据可以帮助我们了解世界，帮助我们倾听，帮助我们进行沟通和建立密切关系，并为我们提供有价值的信息，我们可以利用这些信息采取更精确、更快速的行动。出于这样的原因，我们推出了可以将数据转化为具体的关键绩效指标（KPI）和行动的算法。

做出数据驱动的决策是赢得数字比赛的关键。谁能最妥善、最明智地应用知识，谁就能从数字时代获得最大的利益。因此，下一个问题变得显而易见——如何利用拥有的数据做出决策，以增加销售？

如果销售并非你的工作职能，你可能会好奇在数字世界里为什么销售经常成为焦点。事实上，它并不是唯一的焦点领域。在线存储数据的主要目的不仅是销售，还有营销。无论我们谈论的是新客户还是目前拥有的客户，这听起来可能让人难以接受，但我们必须认识到，为什么苹果、脸书、亚马逊和当地的媒体要收集这么多关于我们的数据，他们可不是什么慈善组织，而是以盈利为目的的公司，他们就是想为其广告商提供更好的产品和更有针对性（有用的）的广告。像其他公司一样，他们同样致力于业务增长和利润增加。

利用数据通常都是为了创造价值，增加收入和利润。当然，如果你代表的是一个非营利组织，这并不适用，因为非营利组织仅为其成员或更高的使命提供服务。

关于数据，你会发现以下四个真相：

1. 一切可以连接到物联网（IoT）的东西都将被连接到物联网。
2. 所有被连接到物联网的东西都会产生可被存储的数据。
3. 所有储存的数据都为数据驱动的决策创造机会。
4. 数据驱动的决策提供了效率、快捷和增长。

数据战争

在现在的互联网上，免费是常态，因为我们往往不想为数字化的东西付费，除非它提供了巨大的价值。但是，这种免费从来就不是真正的免费，数字革命的代价是有关你、我及其他所有人的数据都被存储了起来。

数据背后的历史就是今天所谓的"Cookies"（网站浏览信息数据）。Cookies 是一个小型的基于文本的数据文件，网络服务器可以要求保存访问者的这些信息数据。开始的时候，这个想法与营销无关，只是为了使网络浏览体验更快捷、更简单。对营销者来说，他们购买的广告不仅要被大众看到，而且要被对他们的产品感兴趣的人看到，这一点至关重要。没有人愿意花费几百万美元为纸尿裤做广告却没有真正触达有孩子的家庭，也没有人愿意为永远不会考虑买车的人展示汽车广告。Cookies 技术使我们有可能接触到合适的目标群体。因此，Cookies 是收集信息、开展数字营销的重要部分，并且被大多数广告商经常使用。

《信息记录程序法》（The Cookie Law）最初是一项欧盟的指令，2011 年被所有欧盟国家采用。根据该法律，每个人都有权拒绝使用削弱其在线隐私的 Cookies。

然而，现在 Cookies 变得至关重要，以至于不启用 Cookies 的网站几乎无法运行。我们不得不接受使用 Cookies 或其他类型的信息收集，接受令人难以置信的冗长条件。说实话我们很少阅读这些条件，只是点击一下按钮就同意了。通过使用 Cookies，一个复杂的数字营销结构已经成形。在这种情况下，其最终目标就是提供针对性和个性化定制的广告，无一例外。

有一个经典的故事，说的是一对夫妇要去伦敦过周末，为此妻子一直在网上找酒店。当她浏览一个新闻网站时突然发出一声惊呼，因为她看到了自己刚刚查找的一个酒店的广告。她的自然反应是，这是他们应该预订那家酒店的一个信号，而这正是"再营销"或是通过第三方 Cookies 的定向广告所带来的结果。

然而，Cookies 也有其局限性，那就是它只能看到网络行为，而不能看到用户是谁。例如，你可以在电脑上浏览互联网，然后把电脑借给你的孩子或其他亲人，后者可以继续使用该电脑浏览其他网站。这就是为什么脸书等媒体公司总是要求我们不断登录，这样他们就能准确地知道用户是谁。如果人们知道自己在网上被监视的程度，肯定会瞠目结舌。在一天的互联网使用中，超过 100 家公司可能通过使用 Cookies 收集了你的信息。

使用脸书来展示你喜欢什么电影，爱吃什么，或者是哪个球队的球迷，这似乎很有趣，但从服务提供者的角度来看，所有这些都指向一个目的——存储你的信息。网站拥有的关于客户的信息越多，就可以制作出更好、更有针对性的广告，这反过来又导致了更高的转化可能性。如果我们换个角度，从媒体公司的角度来看，他们拥有的关于个人用户的信息越多，越可以向其客户出售更有价值、更昂贵的广告位。于是乎，用户看到的是与自己相关的广告，而广告商接触到的是"对的人"。完全是一个双赢的局面，不是吗？

显然，法律工作者和政治家还在局外，还没跟上数字化的发展速度，因此，媒体公司可以收集部分用户加密信息。用户仍然不知道有多少关于自己的信息被储存，以及这些信息有多少被卖给了出价最高的人。是的，无论是原始的还是粗加工的数据，都是硬通货，如果收集者不能提炼，就卖给能提炼的人。

而如今，伦理、道德和诚信变得越来越重要，这就是为什么想要以营销目的存储数据的公司，在涉及存储数据的准则时，最好尽可能地做到透明。你们对客户隐瞒得越多，反弹就会越严重，因为人们往往不喜欢隐蔽的监视。关于这一点还有很多值得说的，但让我们还是把重点放在如何使用这些数据来使公司业务更上一层楼的方面。

据国际数据公司（IDC）称，企业平均仅使用了约1%的可用数据，这意味着只有1%的组织决策是由数据驱动的，而99%的决策在某种程度上是基于情感的。如果事实真是这样则不免令人目瞪口呆。接下来一个自然而然的问题是：如果反之会怎样。基于实际信息（数据）做决策的公司有诸多优势，比如效率更高、增长更快，更能找到新的关键绩效指标和收益，产生更多的想法，监测客户的行为并做出更快的决定。

总而言之，数据驱动的公司效率更高，更有机会满足客户的需求。但是，如何成为一个数据驱动的组织？下面的这些提示可以帮助你们迈出第一步，成为数据驱动的领先组织。

1. 对数据进行管控。要想成为数据驱动的组织，你自己必须做出数据驱动的决策。新一代的年轻人才不会听你说什么，但会看你做什么，他们会上行下效。在工作中，你应当总去询问有哪些可用的数据；在私下里，你要对数据感兴趣并阅读相关的资料。例如，你可以查看搜索引擎，看看哪些是最流行的搜索词，也可以研究社交媒体，如脸书、领英，看看人们在说什么、想什么。总而言之，自己拥有的数据往往更值得信赖。

2. 营造一种基于数据进行思考和行动的文化。在组织中开启有关数据驱动决策的讨论，建立根据所掌握的数据来做决策的习惯。建立关键绩效指标，询问在不同媒体的投资回报结果，购买所在行业必备的有关工具。确保团队领导和员工们都加入这一进程中来，告诉他们在做决策时不能仅凭情绪感受，而是必须以数据为导向，并告知这样做的原因。

3. 配备专人对数据负责。为了真正成功，你们需要有人对所收集的数据负责。如果组织规模较小，可以为此设置一个专门的工作岗位，而规模较大的公司则可以设置一整个部门。建立关键绩效指标和目标并量化所有可以量化的东西。制定指导方针，围绕所有形式的数据存储打造一个开放和透明的组织。

4. 必要时引入外援并对数据管理进行投入。要客观地看待自己能完成什么、不能完成什么的问题，不要企图自己去做所有的事情。引入能够帮助你处理存储问题的顾问，在分析工具方面加大投入，会使你的工作变得更轻松。为了找到好的工具或平台，你们可以用搜索引擎分析工具，或者在你们需要的内部或外部系统的特定分析工具集中搜索关键词。

关于如何选择分析工具，有以下四个提示：

- 快捷性（Quickness）——能运用该工具快速读取数据。
- 用户友好性（User friendliness）——不管用户是什么年龄段，都无须高端培训即可使用该工具。
- 移动性（Mobility）——确保你们提供的工具为移动应用做出相应的调整，同时也要确保工具本身能从移动和连接的设备上收集数据。
- 云存储（Cloud storage）——选择一个云工具不失为一个好主意，这样只要你连接到互联网，无论什么时间点都可以轻松访问该工具。

有明确行为号召（CTA）的平台

至此，希望你已经对数据驱动型组织的含义有了一定的理解。现在，让我们来深入研究一下自有数字媒体。首先，让我们建立起可以是任意形式的数字技术平台，利用平台与对你们的组织感兴趣的人们进行沟通。第一步从网站开始，它就像数字化呈现网中心的那只蜘蛛。这是收集所有信息的地方，也是日常驱动流量的地方，是访问者获取信息或购买产品的地方。如果是一个较为大型的组织，可能内部有专门的营销部门。如果你对了解如何构建一个现代化的网站不感兴趣，则可以跳过下面这一部分的内容。

对现代网站的思考

这里需要澄清一点——建设一个网站并不像做一个苹果派那样照着食谱随便做做就行了。建设网站需要细致的分析、全面的规划以及坚定的决心。网站是数字营销的核心，也是数字化呈现的核心，网站应该得到最多的关注。

我们可能会惊讶于创建一个实体店需要在设计、家具和内容方面花费很多时间和精力。然而，一个网站没经过太多的思考就很快被建起来了。实体店是经过深思熟虑的，其整体感觉是有意打造的。但当涉及网上商店时，人们可能就会认为"网上商店就是把我们在售的东西堆在一起就行了"。这种想法认为，网上商店应该迅速完工而且成本要低，但其实这种想法大错特错。

可以说，网站就是一个现代的实体店，我们称之为"网上商店"。人们在实体店的装饰、被关注度和细节方面投入了心血，对网上商店也应如此。之所以将网站命名为"商店"，因为二者确有惊人的相似之处。在超市里，你进门后不久就会看到水果和蔬菜，也许就在第一排的货架中，这并不是巧合，因为水果和蔬菜营造了一种新鲜的感觉，这使人们处于最佳的购物心态。这一趋势清楚地说明了问题——网站也是商店，公司希望用网店来展示产品或服务。可以说，每个网站都变成了一个注重转化的电子商务网站。这里说的转化不仅是指销售，还包括热门文章的数量、顾客填写的表单以及拨打的来电。

开发网站的几点提示

好的网站是以服务用户为基础的。尽管如此，我们还是经常看到有些网站就是以公司的组织架构图为主，或是将宣传手册改头换面变成网站。要建立一个卓越的现代化的网站，需要知道谁是你的顾客、他们如何在网上活动等，应该不断分析你们所掌握的数据，对变化持开放的态度，努力开发出一个快捷、吸引人并让人对所需信息一目了然的网站。

请记住：这里的吸引力是指以获得转化率为目标的吸引力。在这一点上，来自搜索引擎的数据可以帮助你们在网站发展的初期收集有价值的信息，特别是在思考网站的持续发展时，需牢记以下5点：

1. 建立为此负责的专门小组

谁来指导网站的更改、升级或完善？谁负责搜索引擎优化（SEO）？是内部自行管理还是通过外部机构管理？谁来管理内容、代码和设计？你们需要什么类型的资源，如何吸引这些资源到你们的组织中来？

2. 设定站点访问的目标

要有明确的目标作为建设网站的基础。确定什么是最重要的，你们的行为号召（CTA）是什么——是为了销售、获得预订、转接来电还是用来吸引人才？

3. 分析并测试数据

分析当前的统计数据，观察哪些搜索词带来的流量最大，做出最优的选择。调查访问者浏览网站的路径以及退出网站时所在的位置。确保对网站及其加载页面进行 A/B 测试，比较哪种方式实现的转化效果最好。在 A/B 测试中，访问者被随机引导到同一页面的不同版本，要对不同版本的转化进行统计，然后将最佳版本作为永久解决方案。

4. 投资优质内容

对优质内容，你们不应吝啬投入，特别是在数字世界里，被浏览最多的网站都是内容经过深思熟虑并与众不同的。

5. 移动优先原则

拥有一个响应式网站势在必行，即内容和布局会根据用户设备的大小——台式机、平板电脑或智能手机而变化。通过使用移动设备，能迫使你们的行为号召（CTA）变得更简单、更快速、更清晰。

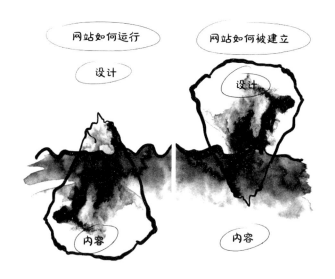

应用革命

现在，你们掌控了自有的数据，建立了自己的网站，下一步，也许你们在考虑公司是否应该有一个App——即自己的应用程序。最好的移动策略是什么？是一个响应式的网站加上一个真正的原生应用程序吗？答案是，在当今的数字世界中，一个响应式的网站是必备的，此外如有余力，开发一个应用程序也会带来诸多益处。

应用程序已经成为一个营销的既定渠道。在应用商店中，应用程序被视为接触顾客或其他可能对产品感兴趣的人的重要途径。应用程序主要有三种类型：免费、付费和应用中付费，后者指下载免费，而购买行为在应用程序内发生。

虽然之前存在一些讨论，但现在的趋势已经显而易见：越来越多的人开始使用应用程序而不是网络浏览器。如果你是一个数字化达人，那么你使用的大多数程序可能是应用程序，无论是社交媒体，还是苹果音乐（Apple Music）等。应用程序是通过基于HTML的网络解决方案建立的，被嵌入一个应用层，或者是作为一个全面的版本，即原生应用程序（Native App）。

原生应用程序具备很多优点，如卓越的性能、支持离线访问以及便捷访问移动设备的各种功能（相机、计步器、心率监测器等）等。某些人认为，原生程序的趋势对开放互联网的愿景来说不利，因为你只能通过应用程序来得到服务，但用户主要关心体验。应用程序凭借其界面、功能、快捷性及给人带来的良好体验，目前远远领先于网络浏览器。

为什么要构建应用程序？

坦白讲，我们并不太使用手机随机进行浏览。通常，我们会点击一个应用程序，但很少从手机浏览器开始随机搜索。构建一个应用程序有诸多益处，包括将它作为提供特惠的营销渠道、通过聊天功能与客户直接联系等。然而，其中最大的好处在于用户 / 顾客会全心关注你们以及你们的产品 / 服务。

应用程序提供了一个接近客户的机会，在当前数字世界的喧嚣中，这一点是无与伦比的。随着搜索优化变得更具竞争性和复杂性，领先一步构建一个世界级的应用程序将带来巨大的裨益。

那么，应用程序究竟以何种方式改善了用户的日常生活，它做了什么移动网站没有做的呢？

正如你去看电影时，可以用手机扫描礼品卡及代码，无须输入一长排数字，现在，银行也在提供手机端的服务，以便人们不用再输入那些长长的 OCR 数字。

同样，在应用程序中，你可以让顾客注册其信用卡 / 借记卡，以实现更加快捷的交易，也可以提供一套解决方案，包括在线订购—到店取货、预售、电子收据、定位服务、通知以及顾客俱乐部活动等。

创造世界一流的内容

现在，你已经掌控了自有的数据，并创建了网站或应用程序，或两者皆有。接下来就是鲜有公司投入足够资源的地方了——内容。要使用搜索引擎优化，内容是关键——内容决定了搜索引擎是否能找到网站。只有当内容是为目标受众和搜索引擎定制的时候，神奇的事情才会发生——搜索引擎很容易找到你的内容，访问者也喜欢他们所看到的内容。

当你们使用内容营销的时候，就是在给搜索引擎和目标群体他们想要的东西。博客的形式很受欢迎，但其意义远远超过单纯的博客。你们要确保自己的目标是在专业领域内创造人们愿意付费获取的内容。

我们相信，世界越是变得数字化，就越需要实实在在的真情。在这里，我们要重申本书一开始就提到的人类的情感。优质的内容会带来感动。当你们无法再炫耀自己拥有最新的技术时，数字世界的赢家是能提供最佳内容的组织——他们有信息、有好的故事。作家佩尔·施林曼（Per Schlingman）称这是一场传播战争，赢家是那些最善于传播的组织，即拥有能打动人的故事的组织。内容本身不是为了存在而存在，而是要影响人并保有人们的注意力。

下面是一些关于内容营销的提示。

内容战略

内容战略至关重要。没有目标和策略的营销是一种浪费，这一点也适用于内容营销。战略可以帮助你们保持目标，确保你们所做的一切都朝着目标迈进。创建内容战略看起来可能很难，但事先的全面工作有助于后续的执行更有效率，更具策略性。战略能在创建内容的整个过程中提供帮助，并有助于进行评估与跟进。

内容战略中最重要的因素是：

确定目标

想达到什么目标？想打造品牌还是推动销售？理清这些很重要，因为目标决定了如何行动，以及应生产什么类型的内容。目标可以是网站的流量、从时事简讯（Newsletters）中转化的数量或登录页面的转化水平。内容的创建应当基于这样的问题——"如何能带来更多的流量、转化率、潜在客户或销售？"

最后一步，你们应该知道如何衡量目标。你们是在衡量增加的转化率、实际销售额、创造的潜在客户，还是增加的流量？重要的是，你们要确定符合 SMART 原则的目标，即具体的（Specific）、可衡量的（Measurable）、可实现的（Attainable）、相关的（Relevant）和有时限的（Time bound）。

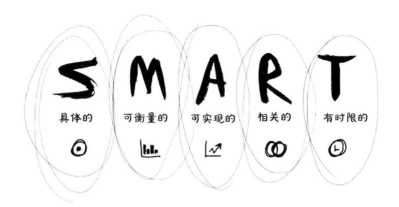

选择受众

在确定内容战略时，知道你们在为谁生产内容是重中之重。要提供好的内容，必须知道要把它提供给谁。否则，就有可能为了创造内容而创造内容，或为广泛的受众创造内容，而不是为你们想针对的特定群体创造内容。特定的群体来自哪里？多大年纪？什么性别？对你们的组织和行业有什么看法？这些问题都需要明确。此外，还有许多问题需要提出，有很多的数据需要收集。这些数据有可能揭示你们正在寻找的答案。为来自纽约的 47 岁的 April 创建内容是一回事，而为来自俄克拉荷马州的 25 岁的 John 创建内容则是另一回事。你们要基于数据做出决策，不要去猜谁是你们的受众——而是用数据找出你们的受众到底是谁。你们需要谨记，优质的内容从三个来源获得能量：

- 顾客的兴趣：谈论客户关心的事情并加以引导。
- 公司的运营和品牌：介绍公司相关信息。
- 搜索词：当你知道人们在搜索什么时，就能投其所好地定制内容。

明确受众之后，就可以决定你们的公司应该传递什么信息，如何传递以及通过什么渠道来传递。

让目标决定内容

内容营销的一个常见错误是什么都想做。想写博客，在YouTube、Pintrest 和领英上发表文章并拥有自己的播客。但是，有多少公司能活跃在所有这些平台上，而且还做得很好？因此，不应该根据自己的想法来做决定，而应该通过数据来了解事实，这一点也适用于创作的内容。也就是说，要做出谨慎的选择，并在选定的渠道中成为最佳。

关于如何制作人们欣赏的优质内容，提示如下：

- 标题至关重要：在移动世界中，只有三秒钟的时间抓住受众的注意力，而这是通过标题来实现的。为所有发布的内容尝试使用不同的标题。
- 果壳段（nut graf）很重要：简短的、介绍性的总结，对保持读者的注意力很重要。
- 通俗易懂：以任何人都能理解的方式来撰写内容。
- 激情：用心写作——创造能打动人的内容，要有个性，但不要太过分。
- 目的：千万不要为了发帖而发帖，要仔细选择你们想说的内容，并知道你们为什么要发帖。

视频和动态图像是最好的内容

如果一张图片能说明千言万语，那么一段视频能说明多少呢？

在所有的喧嚣之中，动态图像能让人眼前一亮。仔细想想不足为奇，因为在数字革命中，一切都应该更快、更酷、更简单、更有吸引力，而视频这一媒介恰恰提供了巨大的机遇。所从事的业务越复杂，视频就越重要。

在移动媒体领域，我们看到有客户案例、访谈、产品介绍、演示、说明等视频。我们可以预见到现场视频、网络研讨会和视频博客的激增。视频博客之王是菲利克斯·谢尔伯格（Felix Kjellberg），又名PewDiePie，其YouTube频道的浏览量超过了160亿。菲利克斯拥有超过5700万的订阅者，在他所在的领域颇有影响力。

电子邮件

最后，我们想关注一个被使用了多年的工具——电子邮件。信不信由你，人们从20世纪60年代就开始发送电子邮件，而且现在看来这种方式也不会很快停止。其间，不同形式的媒体都曾试图与之竞争，但电子邮件的简洁性使其始终能保持前列地位。

那么，为什么我们要在这一章的最后谈及电子邮件呢？事实是，在营销方面，电子邮件仍有很大的潜力。

通过发送电子邮件，你可以驱动有质量的流量，这反过来又可以带来销售。通过给特定读者定期发送的时事简讯（Newsletter）来到你们网站的访问者已经对你们产生了兴趣，他们停留的时间更长，并且有更高的购买倾向。最好的转化目标之一是订阅时事简讯的人数，在为数字平台确定行为号召（CTA）时，需要记住这一点。

当然，也可以购买电子邮件数据库，但是要做好心理准备，这些邮件数据的质量可不确定。对电子邮件营销而言，没有什么快速的解决方案，只能花时间进行细致分析，来真正经营好这一领域。现今，有许多工具可以提供诸如打开频率、谁在读邮件、读了什么、点击了什么等可参考的数据。

你也可以对时事简讯进行细分，使其更加个性化。注意：不要用电子邮件来发送大量的活动和优惠信息，因为那样做人们往往会越来越厌烦，并将这样的信息视为垃圾邮件。不妨把电子邮件看作是一种时事简讯，利用博客、视频或播客创造的高质量内容来输送信息。确保内容以移动体验为基础，并注意访问者到访的位置，这样就可以引导他们到访能实现既定目标的登录页面。

至此，我们已经讨论了自有媒体，理解了数据驱动的决策和现代网站的重要性，解释了为什么以及如何创建应用程序，强调了创建内容的重要性以及如何通过文本、图像和视频，创建不同的内容。在数字世界中，数据是关键，而收集数据的最佳方式是通过自己掌控的媒体。在三种形式的媒体中，自有媒体是最重要的一种，也是创建耗时最长的媒体。总体而言，没有什么一蹴而就的解决方案，做好它需要决心和长期的经营。

与身体锻炼一样，自有媒体也需要保持活力。维护自有媒体的要求高、耗时长，而且不一定能直接看到变化，但其中的关键在于价值——即通过自有媒体为公司、顾客和员工创造价值。如果你们做对了，结果可能会如魔法一般有效，但前提是必须要付出耐心。当然，直接购买广告并希望一切都好起来看上去更简单，但那不会带来巨大的回报，除非首先投资于自有媒体，并从一个有明确目标的选定战略出发。如果说自有媒体是让我们在数字世界中保持健康的锻炼，那么下一章就是关于让我们身体强壮的蛋白质，即购买的媒体——付费媒体。

第9章

付费媒体

我花在广告上的钱有一半是浪费的。问题是，我不知道是哪一半。

——约翰·沃纳梅克（JOHN WANAMAKER）

　　你知道哪个国家人口最多吗？你可能会想到中国，在物理世界中，它确实拥有最多的人口。然而，在数字世界中，脸书则以其20亿之多的人口成为主宰，它是一个"国家"、一个媒介和一个持续连接的可用平台，而且是拥有比其他地方更多用户数据的"国家"，是营销者和广告商的梦想之地。

　　在上一章中，我们讨论了如何利用数据通过网站建立一个平台，在优质内容的作用下，帮助你达成目标。自有媒体的目标应该始终是转化——即你们想通过营销活动和数字举措达到的目标。然而，转化并不只意味着销售，它更多是关于互动的，因为持续的客户关系是最终目标。转化可能意味着填写的表格、拨打的电话或实际的交易。你们需要流量来获得转化，需要学习如何购买、收集并管理这些流量，而做到这些则需要通过付费媒体。

　　如果自有媒体可以代表现有的顾客，那么付费媒体代表的则是潜在的顾客。这是关于应该如何看待付费媒体的重要观点。潜在顾客可能对你们有所了解，也可能从未听说过你们。付费媒体的目标主要是接触新顾客，同时在现有顾客的眼中强化你们的品牌。自然，付费媒体也应该是公司吸引外部人才的明智选择。无论是出于什么样的目的，如果想得到大范围的受众覆盖面，被大范围的群体看到，购买广告是必须的。

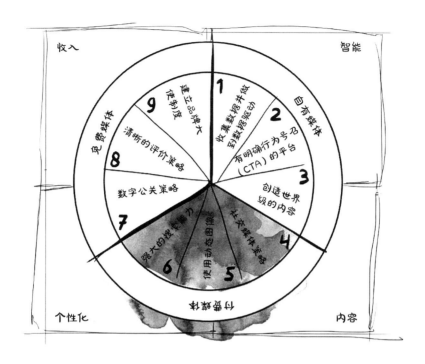

公司为什么要购买广告？可以有许多原因，在传统意义上，我们已经谈到了两个具体的原因。首先，购买广告是为了提升声誉，通过触达大众在他们的心目中定位自己的形象；其次，是让大众了解活动和优惠。数字化使我们能够将品牌与优惠结合起来，并通过数字购买或转化实时创造业务。

如今，数字广告的购买占总广告支出的比例越来越大，想想我们现在所处的情况，这是再自然不过的——顾客在网上移动，广告也跟着顾客移动。世界正在被数字化，如果广告商不想面临对着一个空房间做广告的情况，他们就必须朝着时代的方向发展。

广告购买漏斗

下图是一个被我们称为"广告购买漏斗"的模型，指的是筛选不同的媒体从而在最底部达成有效的转化。在前两个步骤中，我们通过广泛地打广告去接触用户并以此来提高知名度。

在漏斗的第1步，我们看到传统媒体，如印刷品、广播、电视和户外广告。在第2步，我们通过再营销，利用展示广告、动态影像和社交媒体等工具更加接近客户。然后，在最后一步，我们所希望的、为之努力的事情变为现实，顾客开始搜索我们的公司，而不是我们去搜索顾客。

社交媒体战略

许多人认为社交媒体是自有媒体，甚至是免费媒体，但其实它不是。至多你可以称它们为共享媒体，但由于你并不掌控它们，它们永远不会成为你拥有的媒体。让我们用公寓大楼的业主和租户之间的关系来解释这个问题。后者租了公寓，但公寓并不属于这个人，他也无法规定条件和租金，他可能会装修这个地方，但从潜在的利润中获益的人只能是业主。

这应当是每一家公司和组织看待社交媒体的方式——将之看作被租来的东西，这也是为什么人们有时称之为"租用媒体"。

营销者需要恰当的策略和专注投入来创造营销的效果。通过明确目标、保持一致性、再次跟进并在过程中做出数据驱动的决策，从而产生最大化的效果。这为测试和评估创造了有利条件，反馈会立即以关注、分享、点赞和点击的形式直观地呈现出来。

社交媒体的作用在于：

- 分享新闻和信息
- 平衡自己的人设形象
- 建立品牌
- 接触并获得追随者
- 招聘
- 监测外界
- 管理与顾客、会员和粉丝的关系
- 直接接触有影响力的人
- 表明态度
- 创造新闻
- 不断跟踪和评估结果
- 推动销售

同时，社交媒体也伴随着一些挑战，必须在战略中加以考虑：

- 了解社交媒体的用途
- 找到恰当的风格
- 保持活跃度
- 预留足够的时间
- 创造吸引力——获得追随者、读者、点赞者和评论者
- 了解关键绩效指标和统计数据背后的含义

在社交媒体上，互动是关键，而不是独白。通过这样的方式，许多人很快就找到了自己的风格和优势。为了加深对社交媒体这一术语的理解，我们再做一下细致的分类阐释。

1. 建立关系

当有人说起社交媒体时，大多数人都会想到这一类的形式。在这一类别里有脸书、领英等。我们通过脸书与朋友、家人和同事交流，在领英上与专业同行交流。

2. 图像或移动媒体

即便你在脸书上分享了视频或图片，但文字仍然是这些媒体的基石。但包括 Instagram、Vine、YouTube 和 Flickr 在内的一些平台，他们是以图像为基础的，无论是动态还是静止的图像。

3. 评论

这类形式的媒体我们将在免费媒体那一章中展开讨论。在共享经济日益强大的世界中，评论成为数字购买过程中越来越重要的一部分。点评媒体的典型例子是 Trustpilot 和 Yelp。

4. 书签

在这一类别中，我们看到诸如 Pintrest、Stumble-Upon 和 Flipboard 等媒体。这类媒体让用户拥有开放的、人人都可以访问的社交布告栏。根据用户喜欢的东西和其他人喜欢的东西，用户会收到新的建议。在这一领域，企业应该下功夫思考如何使自己的网站更容易被加入书签，这样他们就可以把好的图片放入 Pintrest 文件夹中。在美国，Pintrest 被许多人认为是产生最多高质量流量的社交媒体——带来购买和转化的流量。

5. 社交网络

在这里，我们可以看到有许多由社交和兴趣维系的平台，也有像脸书、领英这样提供典型社交网络的媒体平台。用户为不同的兴趣创建小组，并在这些小组内进行讨论——通常是为了交流思想和知识，同时也能增加不同类型的能力。

6. 信息收发

虽然一对多的社交应用越来越广泛，但人们仍然需要私人交谈。信息收发类的应用在这里填补了一个空白，这也是我们现在发现的最大增长点。在不同的应用程序中，你可以聊天、订购商品、发送声音、使用 QR 码（快速响应代码或条形码）、发送视频、阅读新闻、玩游戏或在线购买商品。在这一类别中，脸书旗下的 WhatsApp 拥有超过 13 亿用户，还有脸书自己的应用程序 Messenger。中国的微信也已成为一个重要的市场参与者，拥有超过 9.6 亿用户，而在年轻人当中获得惊人增长的 Snapchat 也属于这一类别。

7. 讨论或问答

Reddit、Quora 和 Digg 专注于社会讨论和问卷调查，人们可以匿名参加。匿名虽然不是公司所喜欢的，但是，通过从论坛上收集信息，公司可以更多地了解哪些类型的问题正在被讨论以及在哪些群体中讨论。有了这些信息，他们就可以有针对性地开发产品和服务，并改变沟通或营销的方式。

8. 社交直播

这种形式并非什么新的现象，Bambuser 已经存在了相当长的一段时间，但社交直播随着 Periscope 和已经在社交媒体上掀起风暴的 Meerkat Streams 等应用而获得了新的活力，甚至连脸书也跟风效仿。Periscope 的创始人之一凯冯·贝克普尔（Kayvon Beykpour）

说："我们不是在做一家直播公司，而是在创建一家远距传动公司。"在某种程度上他是对的，直播确实让这世界变小了。

9. 其他平台

在这一类别中，我们能看到诸如 Medium 和 Tumblr 等博客平台，它们的形式与 WordPress 和 Blogger 等传统平台密切相关，但同时可以提供更多的社交功能。领英也加入了这个游戏，推出了 LinkedIn Publisher 的服务。借由高质量的帖子，你可以通过使用喜欢、分享和评论的功能，接触到比许多报纸还广泛的受众。

许多社交媒体都在朝着一个新趋势发展——充当广告商的电子商务平台。只要实现转化后的购买，平台就能收到交易的百分比收益。这一领域的市场参与者很可能也会加入移动钱包的争夺战。

目前的趋势也表明，人们希望无所不能。脸书希望看到自己渗透到社交媒体的各个领域。无论在什么地方，它都希望自己不仅仅是一个媒介，而是成为我们使用互联网的基础。现在，让我们更深入地挖掘其中最大的渠道，看看你们可以如何最有效地加以利用。

脸书——起点

脸书从一个大学项目开始，迅速发展成为一家全球数字巨头，并希望成为连接我们所有互联网使用的枢纽——包括我们与他人分享东西、看电影、实时直播、在线购物、邀请人们参加我们的聚会，或通过即时文章（Instant Articles）阅读新闻。

史蒂夫·乔布斯（Steve Jobs）曾经说过："没有什么是社交媒体——只有脸书，以及那些基于脸书的服务。"这句话已经过去了一段时间，但其不无道理。许多人认为现在脸书用得少了，但这根本不是事实。

对公司、组织和领导者来说，脸书对接触新顾客、潜在的顾客及员工至关重要。然而，脸书上的自然覆盖率已经急剧下降。为什么呢？如果一个广告商收获了1000个赞，在脸书改变其算法之前，他们能接触到所有点赞者。现在，随着算法的升级，广告商将接触到不超过10％的点赞者。对此，脸书的解释是用户现在有更广泛的网络，喜欢更多的页面，这使得信息流变得更为嘈杂。考虑到这一点，脸书创建了一种算法来显示什么是与用户最相关的。

这是一种解释，不过另一种解释是，脸书希望公司客户在更大程度上为他们的广告付费。与其他营利性公司一样，脸书自有其商业利益，也有来自股东的诉求。

脸书是一个很好的平台，可以用来作为理解社交媒体的基础。凭借他们的资源，脸书可能会通过开发和收购行为来确保自己能提供其他公司所提供的东西。

Instagram——图片社交

使用脸书旗下的 Instagram 是企业迈向社交媒体的第二步，因为该媒体与脸书完美整合。Instagram 主要发布制作精美的图片和短视频，所以多花点时间进行编辑是个好主意。还要记得写短文本，敢于使用表情符号，不要使用超过3个话题标签（这也同样适用于其他社交媒体）。

当你们召集一个活动或一个会议时，确保参与者都使用一个共同的标签（＃），可以使你们的内容被收集到同一个地方。注意提前做好功课，核实之前是否已经存在一个相同的标签，代表什么样的内容。你们肯定不希望自己的品牌与不相关的事情联系在一起，如果遇到这种情况你们就应该创建自己的标签。别忘了将企业的 Instagram 账号与你们的脸书账号关联起来，用以展示一些反映"幕后"场景的图片。例如，展示你们准备一个项目时办公室的样子。此外，还有一个好主意——那就是为什么不制定一个排班时间表，让员工来轮流管理这个账户呢？

领英——职业社交

微软旗下的领英是一个职业社交网络，它也许是在企业主和领导者当中最受欢迎的社交媒体。

领英不仅是寻找新工作或搜索新人才的独特平台，也是通过强有力的、有深度的帖子影响他人的绝佳方式。请记住：你在领英上分享的东西应更像在会议室里分享的东西，而不是你和朋友们谈论的东西。你需要保持专业性，找到称心的工作，并分享专业领域内的事情。领英也可能是联系平时难以触及的领导者的最佳方式，他们未必总是回复电子邮件，但通过在领英上发送私人信息，你可能会收到回复。

一般来说，领英的用户群比推特要大。这个社交网络在30～49岁的成年人中最受欢迎。此外，使用LinkedIn Publishing是一个好主意，可以向广大受众发布你们的想法和博文，好的文章可以通过领英触达到的范围往往会吓你一跳。

色拉布（Snapchat）——阅后即焚

要忽视近年来社交媒体苍穹中最耀眼的明星之一色拉布，是比较难的。

在色拉布上，内容在接收者打开后几秒钟内就会消失——这是与其他社交媒体截然不同的一种反应。在其他社交媒体上，内容被发布后就会被无限期地储存下来，而这可能是色拉布成功背后的秘密——它是最接近于模仿我们实体对话的媒介，我们记得说过的话，不过这些话只活在我们的记忆中。

几年前，色拉布又推出了一个功能——Stories。上面的内容仅在24小时之内可以被多次观看，给人一种现场感，这一功能已经大获成功。但作为一家公司，你们该如何使用它呢？（其他平台如Instagram也在采用类似的方法，用故事来推动用户群的参与。）

色拉布可用于许多领域，包括竞赛和幕后的视频。有些人用它来直播活动，有些人则把它作为一种寻宝游戏。记住：这是另一种形式的传播渠道，需要花时间来了解。不过只要你们的目标是年轻用户，就应当在这上面投入时间。

在社交媒体上发帖的技巧

下面是一些一般性的提示，用来说明在不同的社交平台上发帖时应考虑的问题。

- 分享人们想看的好内容：无论是文字还是动态影像，扪心自问，如果你作为一个外部观众，是否会想看到这些内容。
- 展示动态的影像。尽可能提供照片、视频、图表和信息图。图像往往更能触达受众，同时创造更高的参与度。
- 使用标签。标签对触达广泛的受众、获得新的追随者以及建立品牌都有帮助。找到一个"专属于你们"的标签——仅用于你们的内容——但要保持简洁。
- 创建一个每周发布帖子的时间表。这有助于你们掌握接下来要发布什么、在哪里、什么时候、为谁发布，通过这种方式保持发布的连续性。
- 标题对博文、新闻和视频至关重要。在发表之前，要想清楚，至少从三个标题中对比优选后再确定。
- 使用智能软件进行发布：通过 Buffer 和 Hootsuite 等软件，可以帮助你们智能、有效地管理大部分的社交渠道，这样就能很好地了解你们所有的渠道，并能让软件在最佳的时间发布你们的内容，从而获得更高的影响力和吸引力。
- 购买付费帖子。再次强调，如果你们想增强影响力，就应该通过脸书、领英或 Instagram 发布付费帖子。选择目标市场，测试不同的帖子会产生什么样的效果，并使用这些数据来优化未来的帖子。你们需要问自己这样一个好问题：如果你不会考虑支付十美元扩大帖子的影响力，那么你们起初为什么要发帖？

这里还有一些关于社交媒体的提示，值得思考：

- 要进行互动对话——而不要自说自话。
- 推敲应使用的语言和语气，并使之风格保持一致。
- 个人与企业的渠道正在越来越多地相互融合。
- 要明确你们代表的是什么，代表的是谁。
- 始终回复评论和点评。
- 请记住：所有的东西都可以被所有人阅读和分享。
- 指派一位同事专门负责核实你们要发布的内容不失为一个好主意。

使用移动媒体

数字化、移动视频已经彻底改变了我们的时代。过去那种又大又笨的电视早已不复存在。今天，只需使用智能手机，我们就可以看电视，与国外的亲朋好友交谈并观看最喜欢的足球队的现场直播。移动媒体改变了我们使用媒体的习惯。今天，模拟电视的套餐几乎已经过时，因为我们想通过智能电视来自行选择内容。从"数字原住民"这一代再往后，人们希望能够在任何时间观看任何电视剧，而且最好是一次看完。随着"数字阿尔法"一代的到来，人们对点播的需求将不断升级。

在传统广告领域，电视一直是最大的赢家；在数字世界中，动态影像仍然占据主导地位，这纯粹是因为视频比任何其他形式的内容表达的信息量更多。最终，所有的公司，无论其规模大小，都有机会通过与数字媒体结合做出良好的移动广告，并可以实时衡量效果。

移动广告往往按千次展现价格（CPM）、每次浏览价格（CPV）或真实观看（TrueView）几种方式支付。其中，CPV 意味着以在网站上购买广告位的形式为每一次被浏览的广告付费。TrueView 是流媒体视频广告的一种支付方式，这些广告经常出现在视频分享平台上，几秒钟后，用户可以选择跳过广告，如果他们跳过了广告，广告商就不必付款。

视频分享平台

对公司来说，在视频分享平台上露面是很重要的，这样不仅能强化品牌，推动流量，还可以在搜索引擎和视频分享平台上被搜索到。

如何最大限度地提高在视频分享平台上的影响力，方法如下：

1. 计划

从长远考虑，你们需要为发布内容的频率制定一个计划，例如，每月或每周。此外，关注那些已经在视频分享平台上成功创造了影响力的市场参与者也是一个好主意。

2. 制定列表

简化用户体验。制定简单的列表，可包含从讲座到产品报价的所有内容。这样做的目的是使你们的内容一目了然，尽可能容易为用户所用。

3. 找到价值

不是说非要有十亿美元的收入才算取得了成功。想一想：哪些产品、优惠或故事最好用动态影像来呈现？研讨会？产品展示？新闻发布会？创造自己的故事，然后进行传播。

4. 赢得搜索点击率

为了使视频在搜索引擎中有更好的搜索排名，你们应该思考对视频的标题和文本内容进行优化。例如，"如何"（How）这个词是最受欢迎的搜索词之一。一家银行可以创建一个频道，用视频给出"如何抵押你的房子"这样的建议，而一家油漆制造商可以选择一个标题——"如何粉刷你的房子"。

5. 培养关系

要重视网络访问者和顾客对你们提供的内容或你们的公司的看法。视频分享平台本质上是一个社交渠道。你们要保持更新并回复所有的评论。通过这种方式，也可以更好地调整并提高你们的服务。

6. 让视频广告实现有效触达

通过在视频分享平台购买浏览量，可以让你们的视频广告触达更多受众。在购买时，你可以勾选希望触达的人群属性（例如，40～55岁的美国女性）以及期望的预算数额，然后关注投入这些花费带来的实际结果。

7. 向赢家学习

研究那些网络营销成功者是如何创建他们的渠道的，向他们学习，研究他们的图像、投放方式、标题及文字，看看你应该怎么做，同时还要看你们的竞争对手做了什么，特别是他们没有做什么，这样你才能保持领先一步。

8. 保持更新

请注意在视频分享平台上保持更新。视频分享平台是一个迷人的世界，你可以学到很多东西。当你购买移动广告时，要选择内容好的广告，既不要太短也不要太长。一个真正好的移动广告是一个不让人觉得是广告的广告，是那种人们主动搜索的视频，因为它格外有趣、信息量大或者与众不同。

强大的搜索排名

搜索营销具有最高的转化率。因为在搜索之时，客户正在积极寻找有关购买的信息，这取决于购买过程有多长。这就是为什么如果你想加大流量和转化，在搜索媒体上排序靠前从而被优先看到是至关重要的。

但搜索并不是凭空产生的。我们搜索的内容往往来自我们的潜意识，也许在一定程度上受到了我们在媒体上看到的广告的影响。让我们想象一下，你在计划装修房子。那天晚上，电视上突然跳出来一个建筑公司的广告。接下来你就会伸手拿手机去查阅相关的内容。这表明，动态影像、社交媒体和展示广告推动了搜索和移动活动。我们经常会去搜索某一特定的东西，这并不是巧合。

在这方面有一个例子：一个知名的汽车品牌几年前投入了一次全球性的营销宣传活动，在印刷品和户外发布了制作精良的广告，并在电视和广播上购买了广告位。无论从哪个角度看，他们做得都很出色（而且成本很高），但之后发生了什么呢？视频广告往往会导致人们以不同的方式进行谷歌搜索。这家汽车制造商通过其宣传活动创造了一波搜索，但问题是他们没有抓住网上的潜在顾客。然而，该公司的一个竞争对手做到了，并且巧妙利用了这家汽车公司的大规模广告活动。这是一个很有说服力的例子，充分说明了数字技术可以如何帮助你们抢占商机。

不同形式的投放

如前所述，数字营销带来诸多发展机会和益处。数字技术越发展，能提供的机会就越多，这些机会是传统营销所无法提供的。其中一个这样的机会就是界定投放目标。在购买广告时，投放目标的概念很重要，否则你们就等于盲目开火。通过界定投放目标能够做到精准投放，减少广告浪费的风险。利用这个优势，你们就能在对的时间触达对的人，获得更好的转化机会。以下是最常见的界定投放目标的形式：

- 投放地理目标。通过 IP 地址的引导，根据设备的位置来限定广告的投放范围——城市、地区、国家或全球范围。
- 投放时间目标。确定你们的广告只在一天中的某些时间或一周中的某些日子展示。如果你们从事的是 B2C 业务，想接触消费者，那么，傍晚 6 点到晚上 11 点一般是个好时段。
- 受众特征定位。定位某些特定群体，无论他们在消费什么，你们可以收集很多访客的信息——例如他们是谁？谁的转化率最高？
- 定向广告。最常见的目标搜索之一，当有人访问过你的网站时，它就会发挥作用。你只需用其他站点的服务广告追踪该用户。
- 行为定向广告。通过收集用户数据，你们能够接触到有特定浏览行为的用户。最有效的方法之一是结合不同形式的定向广告——更精确的信息往往会产生更高的转化率。

准备广告采购

现在，让我们逐一来看广告购买漏斗中的不同媒体，帮助你更好地了解付费媒体的运作方式。

在这之前，需要重申的是：在开始购买广告之前，掌控自有媒体是至关重要的。先购买广告就像只摄入蛋白质而不进行训练来锻炼肌肉一样——无论你喝多少蛋白质粉都不会起作用。自有媒体是数字营销的基础，无论是谁，在没有自有媒体的情况下就将流量引向互联网都可能是白花钱，这是一个令人痛苦的数字化真相。

在购买广告之前要确定目的。要有明确的、可衡量的行为号召（CTA）来衡量广告效果。比如：活动的目标是什么？要把流量引向哪里？我们经常点击横幅广告，发现自己被引导到满是一般信息的主页，却没有明确的行为号召（CTA）。但其实你们应当将付费媒体的流量引到登录页面或宣传活动页面，并有可以明确衡量的转化目标。

触达媒体

除了在脸书、领英或某些视频分享平台上做广告之外，还应涉及横幅广告，或以图片广告、移动广告形式展示的广告。

横幅广告

1994 年 10 月 27 日，《连线杂志》（*Wired*）首次为公司客户提供可以购买的数字广告位，被称为横幅广告。在当时，这可是革命性的举措。这种广告形式提供行为号召（CTA）报告并为广告商创造了登录页面（landing pages）的概念。AT&T 是他们第一家客户，剩下的就众所周知了。

一开始，横幅广告非常清楚地告诉用户要做什么。广告商最初按浏览量付费，但随着互联网的发展和增长，这种按千次展现计

费的模式（CPM）不可持续。经典的做法是直接从报纸的数字服务中购买广告，但很快，通过展示网络、自动购买或实时竞价（RTB）的方式购买变得更加普及。通过实时竞价，你可以配合再营销，对目标群体进行调整、决定广告的浏览次数、何时显示等。今天，你还可以通过自动程序创建实时追踪用户的广告。

假设你们有一个卖门的网站，有人访问了该网站，点击了一扇灰色的门，但后来没有购买。当这个人浏览其他网站时，无论他是在脸书上、博客上还是在新闻网站上，程序都会实时创建一个广告，通过RTB或展示网络，让这个人想起那扇门。

人们一般不会介意恰到好处的由数据驱动的内容营销。问题是，媒体和新闻网站目前充斥着太多的广告，而且大多数广告是在没有数据驱动的情况下创建的，于是就变成了垃圾信息。举一个例子，当我们访问一个新闻网站，阅读一篇关于难民危机的情感故事。在阅读时，跳出来一个来自在线赌博网站的大型广告，用花里胡哨的颜色吸引我们的注意力。此时此刻，肯定毫无用户体验而言，作为用户，你肯定对此感到厌烦。相反，如果有一个经过细致策划的慈善组织的广告，在文章的结尾处出现呢？通过数据驱动的决策，你们可以创建智能广告，促成转化。

原生广告

在一个广告和娱乐之间的界限越来越模糊的时代，更多的人投资原生广告。例如，新闻服务。然而，原生广告并不局限于新闻服务，我们在许多不同的平台上都能看到它们，包括移动媒体、播客，当然，还有博客。原生广告经常被称为报纸的救星，当然，真正好的原生广告对所有的参与者——媒体、广告商和用户来说都更好。

人们担心的是，广告和娱乐之间的界限将被完全抹去，这将导致用户不知道什么是广告，什么是真实的东西。因此，明确说明你们的原生广告是广告非常重要，这样就不会误导别人。原生广告并不新鲜——我们早就在报纸上阅读过付费插页了。当然，这是一种更昂贵的广告，但如果你做得好，可以出奇地见效。如果你们要投资原生广告，就要确保你们的内容是有价值的，而且受众确实需要它。访问者从内容中能获得什么？故事是怎样的？以何种方式教给他们新的东西？如果你们的目标是用广告和优惠来接触受众，那使用原生广告还不如使用传统广告。

购买搜索部分——关键词广告

关键词广告的工作方式类似于拍卖，对一个关键词出价最高的人会在前四名的列表中被置于最高位置。然而，如果说出价是决定排名的唯一因素那就太武断了，因为情况并非如此。点击付费是一种天才的模式，因为与其他种类的在线广告相比，广告商不是为浏览量付费，而是为点击量付费。

点击付费模式是让这么多广告商尝试购买搜索引擎关键词广告的原因。脸书公开解释说，如果你购买广告，就将获得更好的覆盖范围。大部分搜索引擎会将购买搜索部分从自然搜索部分中分离出来。

自然搜索部分——搜索引擎优化

搜索引擎优化意味着优化网站，利用搜索引擎的规则提高自然排名，从而获得更大的影响力。现在你可能会想，为什么自然搜索部分的内容要放在付费媒体这一节中？这问题提得很合理，因为好的搜索引擎优化是自有媒体和付费媒体的结合。简而言之，它结合了这两个部分：

- 页面上的内容是指网站上的内容。从标题到段落和图像的一切都构成了自有媒体的一部分。

- 页面外是另一部分，涉及链接、社交媒体的提及以及人们对你们的描述。因此，它是我们称为免费媒体类别的一部分。

但搜索引擎优化比这更复杂，在最理想的情况下，它完全是自然而然的。然而，事实是在大多数情况下，排名靠前的结果是付费的内容，或通过例如博客网络购买的链接。因此，为了本书结构的需要，我们将搜索引擎优化的内容放在本章中。搜索引擎优化应该始终被看作是一个"在制品"。页面上的内容越来越重要，自然流量就会越来越多。

关于搜索引擎优化的优秀书籍琳琅满目，因此，在这里我们仅给出以下五点简单的提示：

1. 搜索关键词分析

找出客户在寻找你们的产品和服务时搜索的内容。什么词是最常见的？有多少次搜索？在当地、在所在区域、在全国还是在全球？例如，"洛杉矶美发店"。

2. 网站内容

确保网站上的内容包含目标群体搜索的字眼。除非明确写在网站上，否则搜索引擎不了解你们是做什么的，也不知道该把你们放在哪里。

3. 内容结构化

想想一个 Word 文档的结构：标题、副标题、粗体风格、图像、图像文本，这正是人们习惯的阅读方式。搜索引擎的规则青睐内容和结构精良的网页。因此，不应放过任何机会，用希望被搜索到的关键词来命名网站上的图像和视频。此外，要牢记用户体验——这一因素对搜索引擎的算法来说非常重要。易于被理解和浏览的移动优化网站会得到青睐。

4. 与相关方的网站进行链接

确保相关方——供应商、合作伙伴等都能从他们的网站链接到你们的网站，使共同顾客更容易了解你们的网络关系，从而使得搜索引擎强化你们的网站，帮助你们在搜索引擎上排到更靠前的位置，从而间接地获得更多的自然流量。

5. 赢得知名度

当涉及搜索词时，不妨扪心自问——我们的网站是否提供了最好的、最有意思的内容？要对自己保持诚实，如果没有做到的话，搜索引擎为什么要青睐你们的网站并把它推到排行榜的前面呢？你们要始终创造有趣的内容，使访问者愿意回访。

点击付费模式还是搜索引擎优化？

这不是二选一的问题，你们应同时投资搜索引擎优化和点击付费模式，从而达到最佳效果。利用搜索引擎优化，通过投资优质的内容可以提升自然排序。点击付费模式做的正是付费媒体应该做的事情，即增加流量。

在下一章中，我们将重点讨论免费媒体，以及我们如何在其帮助下熟练管理数字公关和评论。

第 10 章

免费媒体

从最不满意的客户那里学到的最多。

——比尔·盖茨（BILL GATES）

此前，我们已经谈到了自有媒体是构成数字营销的基础，并解释了应该如何运用付费媒体。现在我们需要来探讨最后一部分——免费媒体。免费媒体可以用一句老话来概括——"种瓜得瓜，种豆得豆"。其通过与自有媒体和付费媒体紧密合作，只要产品或服务得到了赞誉，就可以积累更多的在线好评。

如果说自有媒体的目标群体是现有顾客，付费媒体的目标群体是潜在顾客，那么免费媒体的目标则是打造品牌大使——即向更多人传播你们信息的粉丝。免费媒体的运作目标是在获得好评的同时管理差评。我们想触达哪些人？顾客、合作伙伴、同事、大众媒体、博主、知名人士还是一般的朋友？记住：只要目标群体对你们公司有正面的评价，就会对其他人的网上购买行为产生影响。

我们很有必要先来认识一下免费媒体的价值。当我们在国外寻找酒店时，主要是在网上搜索。一家酒店的星级评分有助于将我们的偏好与相关的选择相匹配。但当我们选择酒店时往往会做更全面的研究，比如看图片、看别人的评价以及他们给出的评分。即使我们从未去过该酒店，但我们相信其他人的判断，并经常根据这些判断来选择酒店。

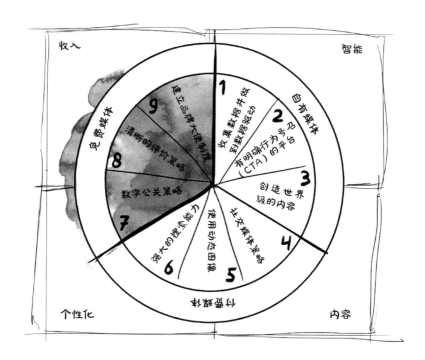

换句话说，不管你怎么想，别人的评论对网上购买行为有着很大的影响。免费媒体总是从为你提供一个优质的产品或服务开始，然后让人们传播并分享有关信息。此外，有效处理负面评论的能力也非常重要。新闻媒体上的转述就属于是免费媒体，只要它们不是原生广告（即赞助的软文）。免费媒体之所以重要，有以下几个原因：

建立信任

如果管理得当，网上评论会创建一种可信度，有利于你的销售。在许多行业中，这能决定客户是否购买你的产品 / 服务。

强化品牌

没有什么能像外界对你们的正面评价那样强化你的品牌。一个品牌如此强大，以至于有些客户会把品牌的名字纹在皮肤上（比如：哈雷戴维森），结果就是追随者又创造了更多的追随者。这不仅增加了销售额，而且使公司成为该行业的翘楚，以及一个吸引人才和明星员工的优秀雇主。

成本效益好

谁不喜欢免费的东西呢？努力做好自有媒体的工作，确保优质的内容，与外界保持良好的关系往往会带来回报。在数字领域，我们获得的所有正面评论都是免费的。

促进搜索引擎优化

在媒体、博客或社交媒体中被提及，并在网站有更多的内容，是搜索引擎算法参考的重要因素。这样当人们搜索关键词时，更多相关的评论会让你们的网站在自然列表中排名靠前。

创造内在自豪感

免费媒体对公司员工有很好的激励作用。阅读有关公司的正面评论会给员工的大脑注入自豪感（血清素）。在一个无可匹敌的环境中工作，对员工的幸福感有积极的影响。员工的自豪感永远不应被低估，因为顾客会感受到员工对自己公司的感受。

为什么不把目标定为让公司成为所在行业的数字化权威？让竞争对手肃然起敬，成为顾客、供应商、合作伙伴和员工尊重并愿意追随的公司。在这里，我们再提供一些关于如何在营销方面成为数字化权威的明确建议。如果你在一个较大的公司、集团或上市公司工作，下面提到的几点是必须要具备的，但如果你是在一个中小型公司工作，可以缺少其中一些元素。

数字公关战略

　　三思而行并根据既定的战略采取行动至关重要。数字公关即我们如何做好准备并尽可能广泛地传播信息。数字公关围绕免费媒体管理一切——选择触达受众的方式，谁感兴趣，以及我们如何在自有媒体的帮助下为产品创造吸引力。像往常一样，我们需要选定一个策略并坚持下去，但在必要的时候又要进行调整。具体步骤如下：

设定目标

　　应该在这方面建立符合 SMART 原则的目标。规划下一年的工作，为新闻稿、出版物的数量和你们将获得的正面评价的数量设定目标，并确保始终朝着目标努力。选择三个希望自己被报道的网站或媒体，并达成目标。

监测周围的世界

　　监测周围的世界至关重要，这样你们才能在良好的基础上做出数据驱动的决策。你们看得越多，看到的就越多，监测周围的世界意味着了解有关别人的报道，也了解别人对你们的报道。无论人们所写的东西是否是正面的，都可以被病毒式传播，你们要对此进行管控，掌控你们的品牌并保持领先一步。如果你们的预算还有空间，可以购买第三方的工具，它们可以提供更具体的数据和基础。

规划

　　为了公司和组织在免费媒体中产生影响，你们必须提前规划，坚持不懈，有计划地开展工作，跟踪行业动态并在此基础上撰写内容。总之，你们准备得越充分，就越得心应手。

传播优质内容

优质内容极其重要，无论是博文、视频还是音频。要有独特性，并提供有价值的、你们自己也会欣赏的内容。

撰写新闻稿

如果你们想让媒体听到你们的声音，第一步就是谈论你们的工作。如果还没有建立新闻渠道，就在一个发布新闻和新闻稿的好平台上为自己注册一个账户。通过这种方式，记者和报纸可以了解到贵公司的情况。你们还可以撰写有关新顾客、新员工或企业社会责任（CSR）工作的文章。对可以作为新闻稿发布的内容没有一定之规。如果你们有好的新闻，就先写新闻稿，然后再联系记者。

正式的粉丝

让你的品牌向正确的方向前进的一个有效方法是积极创造正式的粉丝。一个很好的例子是瑞典钟表制造商丹尼尔·惠灵顿，这家公司通过使用数字媒体、零售渠道以及通过行动创造粉丝，在短短几年内迅速壮大。你们要在博客世界或社交媒体上找到你们的粉丝，凭借他们大量的追随者可以影响市场并传播你们的品牌。让他们喜欢并分享你们的内容，通过他们的网络帮助你们接触到更多的用户。

想想看，如果有人以菲利克斯·谢尔伯格那样的方式和程度传播你们的产品信息，会发生什么？

我们的目标是创建数字传播者，通过他们的平台传播你的品牌。你可以为不同类型的帖子向粉丝付费，但要说明帖子内容是赞助的（否则你将冒着道德和法律后果的风险）。此外，你也可以在宣传活动中使用这些人群，使之成为付费媒体的一部分。我们已经看到一些激动人心的例子，例如，沃尔沃汽车和沃尔沃卡车在其视频广告中各自使用了一位名人。兹拉坦·伊布拉希莫维奇

（Zlatan Ibrahimovic）在冬日风景中驾驶沃尔沃汽车，尚格·云顿（Jean-Claude Van Damme）在两辆并排前行的沃尔沃卡车之间表演史诗般的一字马，视频在 YouTube 上被观看超过 8500 万次。

然而，数字传播者并不一定是外部的。你可以在自己的组织中找到一些最优秀的数字传播者，他们会用积极的语言谈论公司——他们点赞、评论并分享出现在公司社交渠道上的帖子。你要培养员工成为品牌的传播者，并奖励那些推动你们品牌发展的行为。

明确点评策略

现在，越来越多的媒体提供评论工具，除了脸书、Yelp 等纯粹的点评服务也在不断增加，你应该对评论的内容有所掌控。我们已经提出了好评的重要性，所以如果你还没有获得好评，可以请满意度高的顾客和员工在网上点评你们的公司。不要忘记回复正面的点评并感谢他们的善意。

我们经常发现负面评论没有得到公司的回应或评论，这简直就像是进入了一个诡异的地带，公司对负面评论置若罔闻，自欺欺人地希望没有人注意到。有些评论已有数年之久，但仍然没有得到回应。差评被认为是难以处理的问题，也许是因为人们害怕冲突。但负面评论并不是冲突，而是一个将糟糕的客户体验转变成积极体验的机会。

用积极的态度看问题，我们可以选择看到并欣赏评论者的能量，并将其作为一个变得更好的机会。差评并不是凭空出现的——一定是在价值链的某个环节出了问题，客户感到愤怒和失望。即使顾客并不是有意要帮助你们做得更好，你也可以选择这样看待它。85%的消费者称他们在信任一家企业之前都会阅读多达 10 条评论。

下面是有关点评策略的一些提示：

1. 切勿情绪化作答

当有人给出差评时，风险在于你或同事认为这是针对个人的行为并做出情绪化的回答。千万不要这样做，你们可以深吸一口气，从自己的感觉中走出来。否则，有可能使情况变得更糟。

2. 核实事实

确定事情的经过以及原因非常重理要。谁经历了这种负面情况？是顾客本人还是顾客认识的人？向客户经理核实到底发生了什么，并尽可能多地收集有关情况的信息。这一基础行为对今后的战略至关重要。

3. 专业作答

如果点评是对的，无论是一个差评或是一个帖子，你们都应当道歉。永远不要想大事化小，也不要顾左右而言他——这将产生问题和怀疑。直截了当道歉，同时对发生的事情进行正面的回答，告知你们正在做什么来纠正错误，这样做往往会带来最好的结果。如果对方的批评毫无根据，在所有事实都摆在桌面上的情况下，讲述你们的故事并试图达成一个解决方案。当有人试图通过无效的批评来伤害你们的组织时，另一个建议是清晰阐释你们和组织的立场以及价值观。虽然这一类评论不会消失，更多的人倾向于阅读负面评论，但你们至少可以利用这一点来宣传你们的公司。

4. 继续私下对话

以电话、聊天软件或电子邮件（如果可能的话，按这个排序）的方式联系客户。你可以公开发布这个邀请，并说明你们希望私下继续对话以便找到一个解决方案。在这个环节，重要的是要表明你们有一个良好的态度并且更愿意与客户交谈，而不是在脸书上进行公开对话。

5. 48 小时内解决

对不满意的客户，应该在 48 小时内处理完毕，这被认为是结束一个重要事件的最佳做法。请注意：在数字和社交媒体中，时间过得更快，所以不要等太久，尽快让合适的人与顾客沟通处理问题。

将品牌推荐大使机制纳入系统

还记得 2008 年 9 月雷曼兄弟公司倒闭以及当年 10 月震惊世界的景象吗？供应链上一家又一家的公司看着积压的货物被退回。没有新的交易，库存积压，危机显现。

作为 ERP 咨询行业的供应商，我们亲身经历了当时先是混乱后又变得平静的局面。大多数采购被搁置，从 2008 年 10 月到 2009 年 4 月，人们的不安全感达到顶峰。我们召集了董事会并提出了三种备选策略：a. 整个组织削减 20% 的工资；b. 让 20% 的员工离职；c. 能省则省，但要严阵以待（保持危机意识、明确的目标和高质量工作），专注于让我们现有的客户成为公司的品牌推荐大使，并通过这种方式推动收入。

事实证明最后一种策略成功了，事后我们心怀感激，因为这一策略被证明是最好的选择——全速度过危机比踩刹车更有效。这成为一个漫长的成功故事的开始。

市场又回来了，部分原因是公司迅速采取了行动。削减人员、提高资本效率和精简工作也随之展开。同时，培养现有的顾客是一个明智的选择，因为新客户太少了。当竞争对手也意识到这一切的时候，我们已经达到了一定的速度并拥有了一群了不起的品牌推荐大使，这为我们成为北欧市场的先行者奠定了基础。

这一成功建立在企业文化之上，在这种文化中，每个人都做出贡献并专注于当前的客户。通过调动高度的参与感并建设积极的关系，危机后的几年成为我们公司持续增长并且最赚钱的时期。

上述的一个关键因素是衡量并提升净推荐值（NPS）。通过一个终极问题——"您向朋友或同事推荐我们的可能性有多大（以 0 到 10 分为标准）？"客户忠诚度被引入系统，成为运营流程的一部分。更重要的是，成为文化的一部分。每一位员工，在每一次客户会议上，都应该有意识地思考如何采取行动，让顾客推荐你们的公司，这意味着文化的改变会带来结果。

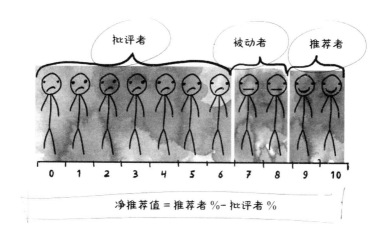

净推荐值 = 推荐者 % - 批评者 %

　　如前所述，在这个过程中，决定性的因素是利用好反馈。正如五星级酒店在系统化程序的帮助下始终保持他们的标准，即在一天开始的时候将每个部门召集起来，用十分钟的时间查看前一天的顾客反馈。由此，他们推动了整个组织的变革。要想将净推荐值（NPS）落地，需要将其植入组织的DNA。

　　成功驱动品牌推荐大使的机制需要有三个根本标准：

- 坚信客户的忠诚度会带来利润的增长，将净推荐值（NPS）作为KPI的一部分。
- 在事务性层面上系统评估并果断解决问题，这意味着对客户的评价反馈迅速采取行动，通常不超过48小时。
- 从战略、战术和运营的角度进行专门的工作，推动和发展顾客群中的品牌推荐大使。在战略上，这来自基于更宏观的相关调查和趋势的管理；在战术上，通过选择领导风格，关注顾客并通过持续改进流程及与客户的互动来加强关系；在运营上，来自组织中的每一个人都理解并在行动中时刻以提升顾客的忠诚度为目标。实际上，一个组织真正的奋斗目标是让每一位顾客在每一次接触中都给你们打 10 分，并通过不断反思下次如何以不同的方式行事，让客户一直喜欢你们。

事实证明，品牌推荐大使在心仪的品牌那里停留的时间更长，购买的东西更多，而且能接受更高的价格，并向其他人传播信息。我们到处都能看到这样的例子。苹果公司就是一个很好的例子，它通过苹果直营店的超高服务水平来推动客户体验和净推荐值（NPS），并通过自己的苹果直营店获得无须与外部参与者分享的利润。

通过对交付的产品及交付方式这两方面的评估，我们能很容易解释客户是如何看待我们的（或我们是如何看待别人的）。

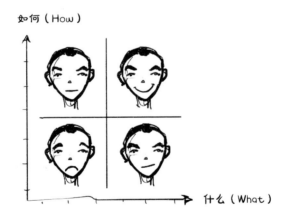

在代表"什么"的横轴上是产品或服务的质量，交付时间以及履行承诺的能力。在代表"如何"的纵轴上，是与顾客建立关系的方式。

在数字化转型中，千万不要忘记人与人之间的互动，真心欣赏我们的人会在更大程度上传播我们的信息。因此，在这个时代，人际关系极为重要。已经证实，免费媒体的核心是优秀的交付（以值得信赖的方式交付高质量的产品和服务）和与客户建立良好关系。

你们需要建立一套评论管理策略，明确谁负责回答什么问题，这样当评论出现在社交论坛上时，你们能做到快速反应。此外，在战略上，你们需要一个积极的公关布局来把握住免费媒体。事情不会一下子就被病毒式传播，更多的时候，你们需要熟练的沟通和公关专家的帮助来实现这种效果。最后，你们需要激活组织，改变它的 DNA，使之做到完全以客户为中心。同时，你们必须确保现有顾客在你们这里停留更长的时间，购买更多的东西，并通过在系统内建立品牌推荐大使的身份将信息传播给更多的人。

第 11 章
客户体验

如果没有竞争优势，就不要竞争。
——杰克·韦尔奇（JACK WELCH），通用电气前董事长兼首席执行官

当竞争对手不再试图复制你们的时候，就是你们开始思考为什么的时候。随着全球化竞争愈演愈烈，成功的关键就在于比较优势以及能提供的客户体验。

大多数公司都在努力创新以求能够为市场带来优质的、先进的产品或服务。在数字世界中，许多问题都围绕着技术和产品展开。在世界各地的科技会议上，供应商聚集在一起，展示最新发布的产品。在 iPhone、无人机、VR 和我们发现的所有炫酷技术之后，下一个大变革将来自哪里？

对这个问题有很多的答案。有些人说会是软件、应用程序和插件，通过 AR 技术（增强现实）可以使生活更轻松、更高效；另一些人说会是硬件和技术，如 3D 打印和自动化。实际上，答案可以是所有这些的结合，因为一切可开发的东西都会被开发。然而，许多人在数字化带来的喧嚣中忘记了更柔软的人性因素——即创造感情和体验。无论有多少令人惊奇的产品，对客户来说，很少有什么能像体验那样重要。这就是为什么我们不应把技术作为数字化的基础，而是要执着于为顾客提供尽可能好的体验。

只有戴上客户的眼镜，我们才能创造出与众不同的产品。然而，我们却很容易"近视"。

狩野纪昭（Noriaki Kano）开发的卡诺模型，可以帮助我们很

好地理解三种类型的客户需求：

　　1. 基本需求：已购产品 / 服务的重要特征。
　　2. 期望需求：顾客所期望并说出来的需求。
　　3. 兴奋需求：顾客能感受到，但没有说出来的需求。

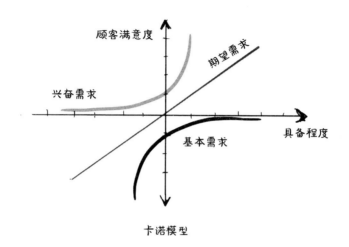

卡诺模型

　　基本需求为顾客提供了对产品的满足感。如果我们不满足顾客的基本需求，顾客自然的反应就是不满意。这些需求非常明显，如果我们询问这些需求，顾客会怀疑地看着我们。就比如，如果我们买牛奶，希望它不酸腐过期；如果我们预订酒店房间，期望在到达时房间已经备好。

　　期望需求是顾客认为产品具有的重要功能，最能满足期望需求的公司可以赢得更多的竞争优势。顾客也愿意为获得更好的产品而多付钱。例如，我们预订了一家四星级酒店并期望有一定的质量和标准（即使我们知道具体的标准因我们所在的地方而不同）。如果我们到了酒店，得到的体验是二星级的水平，那么客户的体验就是负面的。

　　兴奋需求是那些客户不能完全说出来的需求，能为客户带来更大的满足感和惊喜。当酒店贴心地接待我们，提前知道我们喜欢什么，为我们升级到高级客房，把毛巾折成大象放在床上，或者提供晚餐优惠券——这些都是我们没有预料到的。其中的关键始终是做出积极的超出期望的事情。现在有了数字解决方案和收集到的数据，满足兴奋需求的可能性就更大了。

想一想你们的产品和服务今天满足了顾客的哪些基本需求，以及顾客明天的需求可能是什么样子。对期望需求做同样的思考，然后投入最长的时间来寻找能实现的兴奋需求。如果我们把上面的模型与净推荐值（NPS）和品牌推荐大使背后的理论相比较，可以得出的结论是，如果你们想创造一个品牌推荐大使级的推荐者，仅仅满足基本需求或性能需求是远远不够的。你们必须做得更好，关心得更多，并不断提升客户体验。不仅仅是让这体验更多、更好，而且是要给顾客带来惊喜。在越来越数字化的客户体验旅程中，线下会面往往会变得更加难能可贵。能发挥人们最擅长的同理心与共情，或在身体上、精神上和情感上用人性本身去感动人，这样的机会简直少之又少。

人们倾向于与自己喜欢的人做生意，会为了不与不喜欢的人做生意绕道而行甚至付出更多的代价。事实是，最新调查显示，选择离开某些商家的顾客中有高达 80% 的人回答说他们很满意。这指出了一个重要的事实：一个满意的客户不一定忠诚。一个满意的客户也可以在另一个商家那里得到满意。在净推荐值（NPS）指标中，满意的顾客往往被归入"被动者"这一类别。

在一个产品和服务都越来越相似的时代，人性的因素才是独一无二的。

那么，公司如何处理这一问题呢？几年前，Satmetrix 和贝恩咨询公司做了一项分析，结果显示 80% 受访公司的领导认为他们提供了卓越的客户体验，然而只有 8% 的客户这样认为。

理查德·布兰森（Richard Branson）的公司维珍传媒主要提供

互联网服务、电话和电视服务，随着客户满意度不断下降，他们开始失去顾客。作为公司变革之旅的起点，他们在客户中进行全球净推荐值（NPS）研究，之后得出了以下结论：

- 如果解决了顾客的问题，并且方式被认为是友好、热情、诚实和有帮助的，那么NPS平均为+74%。
- 如果没有解决顾客的问题，态度被认为是不友好、不诚实、毫无帮助的，那么NPS平均为–87%。
- 如果解决了顾客的问题，但方式被认为是不友好的、不诚实、毫无帮助的，NPS平均为–44%。
- 如果没有解决客户的问题，但方式被认为是友好、热情、诚实和有帮助的，那么NPS平均为0。

这些结论表明，诚实和友好有助于补救很多的情形，而"我们被顾客认为是怎样的"发挥了最大的作用。对那些成功的公司来说，这样做的结果出奇地好，他们获得了双倍的收益——既通过顾客的忠诚度获得了利润的增长，又通过顾客的友好和认可提升了员工的工作，一个微笑带来了另一个微笑。

还有一个问题：是什么让我们有时选择更贵的而不是更便宜的商品？在其他条件相同的情况下，是品牌赋予了经销商在更高定价的同时提升忠诚度的底气。在这里，我们的大脑神经递质起了作用，在这种情况下，是血清素给了我们一种独享的身份感，然后我们对品牌一直保持忠诚，直到有一天有什么事情让我们重新考虑这种忠诚。可能是严重影响品牌形象的丑闻，也可能是商品质量下降了，或受到新风气的影响，比如开昂贵的跑车不再那么重要了。

真正以顾客为中心

对组织来说，顾客就是上帝。虽然以顾客为中心早已成为陈词滥调，但事实是，没有顾客就没有利润，没有业务。

人类确实拥有机器所不具备的东西，那就是同理心。从同理心出发，我们可以理解顾客并能创造满足顾客需求的解决方案。员工为了顾客投入时间、热情和参与感——无论是直接的还是间接的。如果想达到事业的顶峰，就必须牢记情感是举足轻重的，这一事实对外部的顾客和内部的员工同样适用。

一位非常满意的顾客在18个月内购买新产品的可能性比一位勉强满意的顾客高6倍。真正的品牌推荐大使与一位满意的客户之间的区别是，后者也可以在其他地方获得满意，不一定专注于你。一位满意的员工可以在另一个组织中同样满意，而忠实的品牌推荐大使则会跟随你到天涯海角，只要他们看到、理解并认同这种体验过程的目的。

人类永远是社会性动物，当数字化兴起时，我们需要补偿人类互动的需要，只是为了让人们达成体验的整体性。

出于这个原因，增强客户体验将变得越来越重要，而不是什么可做可不做的事。因为在使用纯数字服务上，你会毫不犹豫地轻轻一点鼠标，就用一种服务替换掉另一种，如果新服务能提供更多的话。可能让你留下来的，只能是你对品牌、对员工的忠诚度，或者在最糟糕的情况下被某种消费条件束缚（这样的条件将变得越来越少）。

数字营销关乎体验，品牌必须从根本上做出改变以满足新生代的新目标、新习惯和新价值观——这些价值观与前几代人有着根本的不同。数字化公司明白，在一个拥有更多选择的互联世界中，客户的忠诚度随时可能有变，因此，客户体验成为致胜关键。

互联时代的顾客

随着互联网的广泛应用，客户期望不断获得数字服务，而且是按照自己的意愿得到服务。我们可以看到，今天银行业的运作方式与十年或十五年前相比有很大的不同。以前，我们去实体银行柜台兑现我们的工资、支付账单、转账、储蓄等。今天，大多数交易是通过移动应用程序或互联网管理的。这是银行致力于提高效率的一个核心部分。未来，越来越多的行业将发生类似的变革。

情感与信任

互联时代的顾客希望自己能够掌控客户体验，这对每个组织已经成形的流程、结构和运作方式提出了挑战。在过去，客户体验是按照组织自己的假设而设计的，是基于组织所认为的客户需求，却很少给客户机会来设计他们自己的体验。

在互联时代，无论何时，客户都期望得到服务并参与其中。这要求公司具备一个全面的视角并有能力满足客户的需求，无论何时何地都能回答问题。在对的地点，对的时间，通过对的媒介，提供客户想要的东西，乃至更多。

当客户需求越来越多你却无法满足时，信任就会变得越来越脆弱。一个不能正常工作的互联网服务会损害客户对你的信任。损害一次不算什么，但当它再次发生时，客户就会选择其他公司。在互联的世界里，只需点击一下，总会跳出来别的选择。

让顾客感到有趣

在数字化的背景下，越来越多的公司都在竭力维持顾客的忠诚度。早期比较传统的忠诚度系统现在已经发展成客户投入情感进行数字化承诺这种模式（游戏化）。这方面的一个范例是捷蓝航空（JetBlue）。其将游戏世界的机制加入忠诚度系统中，通过挑战、奖励、积分、排行榜，以及在脸书上的社交互动，带动了更多的旅行者参与活动。由此，商务旅行开始变得激动人心，乘客们开始在社交媒体上传播捷蓝航空的信息，并受到该系统虚拟奖励的激励，这些奖励在之后可以兑换成如免费机票这样的真实奖品。

你们的目标

为了实现世界一流的客户体验，你们必须从目标开始，评估你们目前所处的位置，然后画出你们将如何达到目标的地图，这需要分析新顾客、现有顾客以及失去的顾客。

对新顾客，必须知道他们来自哪里，购买什么，如何购买以及为什么购买。你们需要用同样的问题来了解现有的顾客，还要问他们是否满意，对什么满意。此外，一定要采访那些你们已经失去的顾客，要知道到底是什么让他们离开，以便你们能够解决潜在的问题。

每一种形式的变革都会伴随着小心翼翼的试水。组织很容易将一只脚放在实体领域，另一只脚放在数字领域，但这不是非此即彼的关系，而应当是两者兼有，有机结合。一个常见的错误是把两者截然分开而不是有机整合。让组织的一个部门专注于数字体验，而另一个部分专注于实体体验，这样做在短期内可能有益，但从长远来看是毁灭性的。你们必须忘掉内部需求，只有戴上"顾客"的眼镜，才能了解顾客想要的是什么。组织中的每个人都必须了解完整的客户体验，而且必须清楚哪里是实体体验，哪里是数字体验。

不要自欺欺人地认为通过数字化会使你们的服务在市场上、在很长时间内与众不同——一切数字化的东西都可以被复制，而一切被复制的东西都会失去价值。

作为数字战略的一部分，当你们开发未来的顾客体验时，考虑到以下几点可能会有所裨益。

- 始终以顾客和他们的需求为基础。
- 分析目前的情况——从顾客的角度看，你们的强项是什么，弱项是什么。
- 如何能在满足基本需求和期望需求的同时，还能挖掘出兴奋需求，创造那些令人惊叹的时刻（WOW moments）？

- 敢于直接向顾问、员工甚至你们的竞争对手询问他们收集的用户反馈。
- 专注于把坏的变成好的，把好的变成更好的，把更好的变成最好的。
- 设定目标，并确定你们必须改变什么才能达到目标。
- 化整为零，以分次短跑的方式完成多个小步骤。
- 坚持实现计划——赢家有一个伟大的战略，他们坚持不懈。
- 跟进——始终跟进，全方位多角度跟进。

最后，还有一些可以帮助你们实现世界级数字化客户体验的建议：

永远不要去限制顾客。当你们开发数字服务时，永远不要把它限制在某个程序或系统中。要让顾客决定并获得独立于硬件的服务。顾客唯一需要的是互联网，从那里他们应该可以访问所有的帖子和数据。永远不要用高深的合同、斜体字或复杂的平台来锁定顾客——最终，每一个试图锁定顾客的企图都会受到惩罚。

让事情变得简单并易于获取。例如一家银行应当想想顾客可以自己管理什么，以及他们可能真的想自己管理什么？简单是数字化客户体验的关键，这一点在组织外部和内部都适用；在内部，建立一种文化，让员工在移动设备的帮助下实现数字化。允许他们访问关于顾客的所有可用数据，这样他们就能在任何时候提供帮助。对外，通过提供电子协议、聊天功能、介绍产品或服务的简单视频，以及社交媒体提供便捷的顾客服务。作为电话服务或自助服务的补充，越来越多的公司通过不同的即时通信应用程序为客户提供聊天式沟通的机会。在 YouGov 的一项调查中，在 18 ～ 30 岁人群中，61% 的顾客表示他们更喜欢通过应用程序 WhatsApp 与银行沟通。多年来，荷兰航空公司／法国航空公司通过推特与他们的顾客进行沟通，一切都公开透明，但有明确的指导方针来区分什么是一般性的问题，什么是需要私下处理的问题。

整合实体和数字体验：思考如何创建你们的全渠道，将实体和数字销售渠道整合起来，提供完整的体验。让实体世界与数字世界相遇，让它们相互协作，提升客户体验。在这里，同样也是关于售前、售中和售后的体验。在到店之前，顾客可以浏览网站，研究不同的选择。也许他们会订购一些东西，然后到实体店来取货。特斯拉汽车公司就是一个很好的例子，客户可以在互联网上配置汽车，然后在店内试驾并提货。之后，进一步的互动可通过汽车或手机上的应用程序完成。

另一个令人兴奋的例子是瑞典服装公司 Filippa K，该公司在店内发布服装之前先通过网上租赁服装的方式提供其最新系列产品的服务。在韩国，地铁里有虚拟商店，顾客可以通过智能手机购买物品，之后这些物品在下班后被送到顾客家。杂货零售商 Tesco 使用了一种带有摄像头和图像分析的系统，可以让店员知道某种物品已经售罄。阿迪达斯正在开发一个具有生产功能的商店，顾客可以在那里订购鞋子，而且在十五分钟之内就可以生产出来。

你们如何将现实世界与数字世界结合起来？

创造一种客户为先文化。使客户体验成为整个组织的文化问题，而不仅是营销部门的问题，无论员工的角色和职责如何，都要做出贡献。CEO、财务、生产和行政部门都应该戴上“顾客的眼镜”，为顾客的利益而努力，因为只有这样才能确保组织的可持续发展和利润增长。要达到这个目标，你们需要把客户体验作为管理团队关注的问题。如果客户体验不能用数字来衡量，那它就不存在。如果你们还没有把品牌推荐大使纳入系统，那就赶快这样做，实施对客户体验的持续测量，并从战略上（在商业计划中）、战术上（在领导层内部）以及运营上（小组／个人）整合反馈意见。投入时间和金钱，在顾客服务和客户体验方面培训每一位员工，大张旗鼓去做并奖励员工做出的好成绩。同时，确保在内部保持开放并变得更加透明，这样每个人都可以关注到顾客的态度（NPS 或其他衡量标准），作为客户提供的直接反馈（积极或消极）。也许现在是时候制作一些真正好的顾客宣传视频了，让顾客自己来谈论与你们公司的关系。勇敢的组织也会制作顾客批评公司的视频，供内部分享，以提高内部的紧迫感。

第 12 章
商业模式

很难找到不会在网上卖的东西。

——杰夫·贝索斯（JEFF BEZOS）（亚马逊网络购物中心缔造者）

商业模式涉及与顾客之间的交易，情况如何，包括如何付款、价格以及如何分散风险。近来，我们看到越来越多的激进商业模式进入市场。

免费增值（Freemium）商业模式是由风险投资人弗雷德·威尔逊（Fred Wilson）在 2006 年创造的免费提供基本服务，有时这种服务是由广告资助的。借助口碑传播有效地获得大量用户，然后就能以付费的方式向用户提供增值的附加服务，或服务的增强版本。其中一个著名的例子是瑞典的声破天（Spotify）。此外，Tictail 等电子商务平台也是以同样的模式推出，而老牌的市场参与者还坐在那里琢磨如何与免费提供产品或服务的玩家竞争。选用免费的东西总是比较容易，消费者马上就会决定，不像付费还需要仔细考虑。

你们是否在考虑使用免费增值模式？如果是，就需要考虑以下几点：

- 市场上会有足够的需求吗？
- 服务是否可以扩展，能否变成迅速传播？
- 可以进行低成本运营吗？
- 价值是否因使用而增加——无论是从用户个人的角度还是从

用户群体的角度？

- 对用户来说，是否有一个明确的原因、实质和方法，让他们从免费用户转为付费用户？

基于订阅的商业模式（即投资变为运营成本）越来越普遍。赛富时（Salesforce）成立于 1999 年，是最早从事 SaaS(软件即服务) 的公司之一。随着 force.com 作为云端应用开发平台的发展，赛富时也创造了一个由开发者和用户组成的生态系统。由此，也看到了一个明显的趋势，那就是 IT 公司创造了从免费或低价到用户甚至可以通过提供创新的解决方案或向他人推荐来获得回扣这种生态系统的模式。当变化无处不在，为每个人服务并且由每个人来主导时，商业模式肯定会改变。

正如我们在上一节所讨论的，搜索引擎关键词广告的模式是关于拍卖功能的，广告商为广告出现在搜索页面时发生的点击出价（手动或自动）。同样的情况也出现在酒店业，当需求量大时，价格会增加，需求量减小时，价格会下降——一切都作为商业模式的一部分。

提供"满意保证"功能的公司是另一种模式，即保证顾客满意。这增加了供应商的风险，他们会在计算中加上需要给不满意的客人的预估补偿数额。

那么，如何发展你们的商业模式呢？

在基本层面上，我们可以看到发展已经存在的商业模式并使其更加数字化的五个主要途径。

革新行业

谁没有梦想过彻底改变市场，找到一个改变行业的想法，带来无可匹敌的优势？然而，许多人忽略的一点是，终极的选择往往重在投资而且风险很大。这正是风险资本发挥作用的地方。像优步（Uber）和爱彼迎（Airbnb）这样的先例改变了整个市场的格局。显然，敢于冒险也给那些公司带来了最大的回报。这类模式以不同的方式提供服务，并以此为基础迅速创造出巨大的比较优势。

更新换代的产品和服务

就像数码照片技术取代了传统胶片技术一样，当手机变成相机的时候，许多转变也在同时进行。产品创新在一种产品和另一种产品之间创造了一个缺口。这方面的一个例子是传统出版业走向数字化。即使是管理咨询服务，现在也在向数字形式发展，有辅导应用程序、互动课程，以及可以获得领导力领域最新理论的自助学习门户。传统教育的供应模式已经转移到数字格式，全球化组织的管理人员可以按照自己的节奏参加学习，完全不受其所在地点的阻碍。

当本书的作者与管理顾问约翰·麦克斯韦尔（John Maxwell）和帕特里克·兰西奥尼（Patrick Lencion）举行Live2Lead研讨会时，会议实际上是在佐治亚州德卢斯举行的，但人们也可以选择在其他地方通过直播参会。票价本身以及来自单个顾客的收入都会下降，但参加的人数会大幅上升，而且可以无限扩展。突然之间，一个组织就创造了竞争的相对优势。一切可以数字化的东西都会被数字化，而一切被数字化的东西价值都会降低。

需要重申的是，这不是二选一的问题，而是两者都要兼顾。管理咨询肯定会包含人为因素和模拟因素，即顾问与客户实际会面并分析面临的挑战。然而，这既可以发生在实际场景中，也可以发生在虚拟的视频通话中。当分析过程完成待要实施变革时，最初的交付可以是实体的（也许是与高层管理人员），随后将以数字方式扩展到整个组织。在未来，很少有公司再愿意付钱给顾问让他们通过一层又一层、一个又一个单元的方式来工作，这简直太昂贵了，而且浪费了太多的时间，而数字举措将取而代之。正所谓，一切可以被数字化的东西都将被数字化。

创建新的数字服务

如果你们想拓宽产品范围，那么可以创建一个数字产品。这个数字产品可以是完全独立的，也可以是与传统产品和服务相结合的。其中一个例子是耐克，他们通过添加数字技术和创建 Nike+ 进入了数字世界，为他们的顾客提供全新的体验，同时收集数据并获得对客户的独特视角。通过传感器技术和存储在云端的有关顾客锻炼的历史数据，使用大数据分析，为营销和产品开发带来巨大的帮助。

可以考虑一下，通过为顾客提供一个应用程序，无论是在他们的手机上还是在你的产品中（物联网），可以实现什么目的。能测量什么，能如何收集数据，能用这些信息做什么？如果你一时想不出来，那就问问同事们。也许他们正沉浸在某个疯狂的想法中，但不要立即放弃——反复思考并彻底研究这个想法。有时，最疯狂的想法会带来最好的结果。

改变或占据价值链中的其他位置

当汽车制造商沃尔沃公司开始直接向客户提供服务时，说明他们将自己的位置放在了传统的零售线和终端顾客之间。与此同时，他们推出了自己的移动应用程序——沃尔沃随叫随到（Volvo On Call），将客户服务、司机和汽车整合起来，打开了在价值链中抢占全新位置的模式——做一些在过去被视为不可能的事情，或者至少是有风险的事情。这一做法对所有人都有启发——旧的规则不再有效，商业模式必将受到挑战，这样的变化随处可见。

改变服务模式

这是指以创新的方式将产品和服务结合起来。越来越多的产品被当作一种服务来提供。一家包装机制造商出售机器，保证持续交付生产材料并提供免费服务和备件，如果机器在规定期限内无法正常工作，则提供保修。换句话说，它从简单的产品销售到复杂的解决方案销售，其中的价格可能按生产的包装数设定。这类似于 IT 行业，ERP 或 CRM 系统作为一个完整的打包方案出售，价格是按用户数和订阅月数确定的。商业模式的选择对供应商、客户和竞争者都有影响。这样的模式意味着改变了现金流，把风险从顾客身上转移到供应商身上，这就需要改变组织和系统解决方案，使其在管理上变得可行。

商业模式的不同模块

从一个公司的使命和愿景出发，创建一个商业理念，可以帮助你抓住运营的核心。商业计划书描述了如何实现该商业理念，而商业模式则描述了组织如何创造、交付和利用价值。

商业模式本身就是一个巨大的话题。自 20 世纪 90 年代末以来，商业模式一词被频繁用于描述不同的组织如何创造和利用价值。价值创造可以用许多不同的方式来说明，这也导致了许多术语的产生以及图形化的描述方法。在比较抽象的说法中，商业模式是一些元素以及这些元素之间的关系，而比较详细的版本则描述了所有元素之间如何互动以实现一个明确的目的或愿景。可以说，所有形式的模型都简化并明确了价值创造中的关键功能，并且增加了对运营中经常出现的复杂现实的理解。

简单起见，我们借用其中一个比较简明的模型来说明，即亚历克斯·奥斯特瓦尔德（Alex Osterwalder）开发的商业模式画布，它由 9 个不同的部分组成。

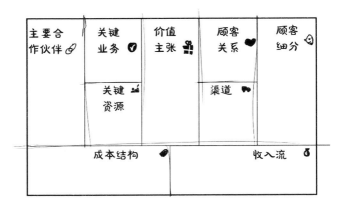

顾客细分（市场）

顾客是任何商业模式的关键。没有顾客任何公司都无法长期生存。为了创建一个清晰的画面，了解谁是顾客以及他们将带来什么（潜在的）收益，需要根据共同的需求和行为将他们分成不同的细分市场。每个组织都必须清醒地确定要去解决哪些人的问题、忽略哪些人的问题。

每种类型的市场都有其特殊性。对小众市场的服务往往清晰明确，竞争力和信誉是其中的重要因素。针对不同的细分市场，会提供不同形式的服务。数字化转型的一个例子是，人们经常增加对大规模群体的数字服务，同时将个人的和人力方面的付出投向那些愿意为此付费的人，或者投向可以给自己带来利益的地方。

针对多元化市场的公司会为不同的客户提供不同的产品或服务。亚马逊就是一个很好的例子。他们提供两种不同的服务——数据存储／服务器容量以及网上购物。针对多元化市场的公司在运营方面也是多样化的，例如，搜索引擎需要大量的用户，于是通过提供免费的通用搜索来获得这些用户。同时，这些用户也在为搜索引擎的另一个顾客群——那些向搜索引擎支付广告费的公司——创造资源。无论谁，当面向大众市场经营时，如果他们只用传统的方式，根本无法触达并满足大规模的人群。

价值主张

你们打算交付给每个顾客群体的产品和服务的集合，可以用价值主张来描述。其中有些服务比较激进并具有创新性，而另一些则是比较传统的。在数字世界中，我们经常能看到创新的服务。通常情况下，服务是由这几点组合而成的：

- 服务——外包是提供服务的一个很好的例子，它取代了内部职能。适用于保洁、厨房、餐厅、物流、人力以及 IT 服务等方面的服务。
- 价格——收费标准一直是一个因素。随着数字化的发展，降低价格的压力只会增加。谁在价格上进行竞争，谁就必须为免费提供服务的竞争做好准备，这就需要提供不同的价值，找到新的收入来源。
- 新事物——我们在"新"这个词中发现了最具吸引力的营销工具之一。一个新的产品或服务通常需要更多的资源才能站住脚。由于数字服务推向市场的时间通常相对较短，有了数字技术，在选定的市场测试产品或服务变得更简单了，之后根据测试结果再进行调整，最后发布完整的商业产品。
- 性能——增强的或升级的产品在总体上拥有更多的功能或更高的效率。
- 顾客适应——标准化服务的反面是定制的解决方案，即根据客户的明确要求进行有针对性的调整。一个典型的例子是传统木匠会根据顾客的愿望和想法打造一件全新的家具。即使这一类的服务随着数字化的发展而变得不再那么普遍，但道理仍然如此——客户总是欣赏独特的东西。在数字世界中，自动化配置推动了人们对新鲜事物的体验，如广告、软件调试等。房屋建筑业就进行了这样的服务升级，他们让客户在虚拟环境中调整新房子的各个部分，并在购买前以这种方式进行体验。

- 成本效率——帮助客户削减成本的产品或服务，既可以削减固定价格，也可以削减基于价值的产品或服务定价，这样节省下来的部分费用就归供应商所有了。在数字世界中，传统服务的数字替代品将创造竞争优势和更高的成本效率。

- 减少风险——购买不同种类的保险是为了减少风险。另一个例子是通过不同服务来帮助客户最大程度减少困扰——在汽车行业或在工业机器市场，整体合同中会包含备件和服务。

- 独特的设计——这是一个难以界定的领域，但仍然很重要。所有行业的趋势都在变化，但房屋、汽车、衣服及配件仍然是靠设计生存的行业，即使其他功能也很重要。今天，数字和模拟体验被结合起来，形成了一种混合式的交付方式。

- 提供新的可能——提供以前难以得到的东西是另一种类型的服务。为个人提供赚钱的机会是 eBay 为电子商务所做的事情，而像优步和 Grab 这样的服务则是在运输业的创新。数字技术完全适用于向大众市场提供不同种类的服务，现在只有你的想象力才能设定运输物品、租赁衣服或保洁服务的边界，所有这些都可以通过点击一个按钮来实现。

- 便利性——市场已经发生革命性的变化，也许最明显的例子是人们在通过新的方式消费电影和音乐。在这一领域，我们可以看到苹果 iTunes 和电视、奈飞（Netflix）、HBO、声破天。这些服务都是为了让消费者的生活更加便利，我们将看到为这一目的而提供的服务大幅增加。应用商店是另外一个例子，它们使得在大众市场发布和消费应用程序变得更加轻松。

- 品牌——由于购买行为是由人做出的，因此情感因素至关重要。品牌以及人们对品牌的看法会影响购买决定。同时我们可以看到，很多通用服务的产品本身比其背后的供应商更重要，因此，供应商选择营销什么产品是更加重要的。

渠道

市场营销、销售、分销和客户服务，通常是公司与客户互动的一部分。在很多情况下，渠道指的是实体店。然而，数字单元（网络服务、应用程序和相连接的产品）越来越多通过与外部渠道的合作间接地分销越来越多的产品，这些渠道是客户触点，对客户体验有很大影响，有着多种用途，包括：

- 提高顾客对产品和服务的认识
- 帮助顾客评估公司的服务
- 让顾客购买特定的产品或服务
- 管理交付环节
- 在需要时提供持续的支持和帮助

顾客关系

选择如何与顾客建立联系至关重要。搜索引擎选择以数字的方式通过合作伙伴与消费者互动，在消费者和搜索引擎之间没有线下的互动，但这种情况在银行业可能并不多见。越来越多的银行正在转型为数字实体，这既是为了顺应全天候服务的要求，也是为了通过关闭零售网点来提升效率，降低成本。但是，在面对面互动量下降时，我们看到每次面对面互动的价值都在增加。因此，银行专注于培训零售服务部门的员工，让他们真正为顾客带来改变，因为银行知道，正是通过这种实实在在的接触，员工才可以与顾客建立信任或修复与顾客关系的破损。

顾客关系的三个主要方面推动了收入，随着时间的推移可能得到不同程度的关注：

- 吸引新顾客
- 提升顾客的忠诚度并使之成为品牌推荐大使
- 产生追加销售和交叉销售

收入流

钱从哪里来？在脸书创业的早期，人们经常问这个问题。一家为用户提供完全免费的服务加上在基础设施上大量投资的公司，很难解决这个问题。而现在，大家都很清楚，收入流可以来自不同的方向。脸书的广告收入与搜索引擎创造利润的方式相同。当脸书以190亿美元的价格收购即时通信服务 WhatsApp 时，WhatsApp 的总收入才13亿美元，人们提出的问题是——为什么要收购，如何让这笔交易有意义？

可能在不久之后，我们就会明白这一点。在一些市场上，下载一个应用程序要花费1美元，而在其他市场上仍然是免费的。中国的同类产品——微信是从广告和在线游戏中获得收入的。

赚钱的方式有很多，比如传统的模式，有固定价格，有变化的价格，有订阅，还有利润分享，供应商从节省的利润中获得一部分。未来，还会出现更多全新的盈利模式。首先，我们会看到全新的收入源，新的生态系统让收入来自许多不同的方向。当免费以其特有的低风险和低门槛推动销售时，当顾客群有价值时，寻找其他赞助商和收入来源的情况将增加。免费之后的步骤是让用户赚钱，或者从成为生态系统的一部分中间接获利。

关键资源

每一种商业模式都需要关键资源，经营的产品／服务的特质和分销模式不同，需要的资源类型也不同。资源可以是自有的，也可以是租赁的，或者是从客户或生态系统中的其他相关方那里获得的。

- 实物资源：这类资源包括有形资产，如制造设施、建筑、车辆、机器、商店和分销网络。像沃尔玛或亚马逊这样的贸易公司，在很大程度上依赖于实物和资本密集型的资源。前者有一个巨大的商店网络和与之配套的物流基础设施。后者拥有大量的 IT 存储和物流基础设施。有很多公司把信心建立在实物资源上，却在转型的市场中被淘汰。百视达（Blockbuster）就是一个典型的例子，他们以自己的商店作为最强大的资产，拥有超过六万名员工。然而面对流媒体网站和购买行为的改变，他们很快就被竞争者所超越，最后黯然倒闭。

- 金融资源：不同的商业模式需要不同形式的金融资源，如资金、担保和信贷，或吸引关键员工的激励计划。每个初创企业都在与迅速耗尽其金融资源的风险作斗争，当一个传统的成熟公司改变商业模式时，也可能发生这种情况。当 IT 行业从以前有利可图的咨询业务模式转向基于订阅的业务模式时，可能意味着承担更高的风险，这种改变必须发生在一个平衡的过渡期中，企业的所有者必须愿意赌一把。在数字革命的第二阶段，我们将看到许多公司缺乏这种冒险的意愿，而他们推迟转型的时间越长，新旧之间的差距就越大。

- 知识资源：品牌、专利、版权、合作伙伴契约、客户数据或知识，是未来商业模式的重要组成部分。微软、甲骨文和思爱普有他们的软件和多年发展起来的非物质优势，但很少有什么资源能永远持续下去。一个品牌要不断打磨，专利也会被新的创新所取代。食品巨头雀巢公司依靠其专利活得很好，但当一些专利到期时，他们不得不寻找新一拨的创新。

- 人力资源：在数字世界中，人是必要的，在一些商业模式中，个人处于聚光灯下，而机器在幕后完成工作。即使今天并非所有的交易都是在人与人之间进行（例如，在股票市场上，机器人做了部分工作——有人想买，有人想卖，诀窍是找到一个能促成交易的价格），在大多数情况下，个体仍将是使之与众不同的因素。医药行业的研究和开发始终是基于凝聚了一群优秀的人才。同样，每一个初创企业进入市场的时候，都拥有一批有想法的人。
- 数字资源：数字资源现在处于前沿和核心位置，在这一领域，软件解决方案和平台补充或取代了实物资源和人力资源。

关键业务

我们所做的最重要的业务是什么，什么使我们的产品可以卖给顾客？可能是采购、生产、储存、分销、开具发票或收取账单。关键业务是指那些如果一旦停止就会给公司或顾客带来明显的损失或干扰的业务。

主要合作伙伴

在一个全球化的世界里，合作伙伴网络是极其重要的。公司通过建立联盟来提供产品或服务，这为他们自己和顾客减少了风险。伙伴关系主要有以下四种：

- 非竞争者之间的战略联盟。
- 竞争者之间的合作和战略伙伴关系。
- 公司之间建立的合资企业，通常以共同开发一项新业务为目标。
- 传统的顾客 / 供应商协作。

新型的伙伴关系一直在发展，在个人、网络或公司之间出现了更多创新的合作方式。

成本结构

收入的另一面是运营的成本。某些类型的组织，如瑞安航空（Ryan Air），其客户报价建立在低成本的基础上，因此总是需要削减管理费用。在另一边，高端产品和奢侈品牌付出更多的开支用于品牌建设。二者的共同因素是都需要精简开销以推动利润。在一个不断变化的世界里，对资本资源的需求怎么强调都不为过，因为在面对竞争和变革的需求时，资本给人以选择的自由。

任何一种商业模式都是由上述这些基石构建而成的，无论你认为怎样的排序更为恰当。关于这一主题的书籍数不胜数，所以我们在这里只给你两点提示。

1. 认为商业模式是静态的且一成不变的观点现在需要升级了。在竞争对手、客户或市场有机会挑战你们之前，你们应该在内部发起自我挑战。取得成功的关键在于，接受世界正在发生变化的事实，并选择积极主动地引领商业模式的发展，而不是等待被动反应。

2. 无论在什么地方、向谁、交付什么产品或服务，都要使用这些问题来挑战现有的商业模式：可以用什么方式将数字技术添加到现有的商业模式中，为客户创造价值，简化分销，降低成本，降低价格，增加顾客群并强化我们的品牌？

第13章
移动化

智能手机意味着不会再有人迷路。

——法里斯·雅各布（FARIS YAKOB）

在最近的一次讲座中，我问了观众一个问题——手机对他们意味着什么？一位 30 多岁的妇女回答说："手机可是我的命根子，天天 24 小时须臾不离，没有它我将无所适从。"

这答案听起来可能有些夸张，但对我们许多人来说事实确实如此，而且在未来更将如此。也许你就是别人口中那个沉迷于手机的手机党。

如果停下来，想想今天智能手机所囊括的一切功能，我们就会意识到,20 年前我们需要 10 台设备才能做到这么多事情。举例来说,20 世纪 90 年代我们有电脑、电话、手表、照相机、CD 播放器、BP 机、胶片相机、计算器、扫描仪和收音机。有了智能手机后，这些设备的功能都整合在一起了。我们在手机上阅读杂志、写作、拍照、收发电子邮件、看电影，就用这一台设备。从这个角度来看，我们平均每天拿起手机 200 多次也就不足为奇。毕竟，它不仅仅是一部手机——它是一台超级先进的计算机。

现在全世界人口超过 70 亿。Forrester 的报告显示，其中近 50 亿人现在可以使用移动技术，连接到互联网的移动设备达 70 亿台。此外，埃森哲的数据也表明，通过可穿戴技术，一年内还会增加 90 亿个连接。移动化使工作环境的改变成为可能，也使我们与素未谋面的顾客互动成为可能。

"移动优先"带来了改变，推动了极致创新

许多领先的科技公司已经超越了移动优先的原则。移动性不再是众多渠道的战略之一，而是一切的基础渠道。在全球价值最高的25家公司中，有至少5家公司（苹果、中国移动、阿里巴巴、脸书和威瑞森）是由移动革命驱动其价值链的。

这些领先的科技公司都是移动革命的参与者，通过移动通信产生了巨大的创新。移动性为创新赋能，因此也为颠覆性的商业模式赋能。今天，许多初创企业都是基于移动性创建的。通常这些企业都是由本土的企业家创立的，他们了解移动性以及如何通过移动性创造有价值和可扩展的东西。

在实践中，许多创新是通过应用程序产生的，它们改变了一切，从沟通方式到旅行方式乃至购物方式。WhatsApp 用于通讯领域。贝宝（PayPal）和 Stripe 用于支付。移动初创企业仍然吸引着大量的风险投资，这很好地说明了市场的发展方向以及未来的利润所在。

智能手机技术对职场意味着什么？

现在，当我们外出时，在机场、火车站，甚至和亲人一起在家时，我们只需看看周围，就能发现智能手机无处不在，而七八年前，移动仅仅意味着公司的 IT 部门协助为笔记本电脑或黑莓手机提供连接。

然后公司开始意识到，通过移动设备可以提高生产力，员工能够随时在线工作，而不再受限于沉重的桌面工作站。移动标志着一种范式的转变，作为领导者，你不能视而不见。因此，有必要将移动纳入数字战略，最重要的是要理解移动意味着流动性。

新一代 IT 环境

许多公司的 IT 环境就像老式西部电影中的样子。各种设备混杂在一起，从 PC 到 Mac，从平板电脑到移动设备，而且很少有公司对其基础设施掌控得很好。在一个办公室可能有一个文件服务器，在另一个地方还有第二个文件服务器等。矛盾的是，"数字移民"通常遵循 IT 政策，在不误存本地的情况下将大部分东西保存在自己的服务器上。同时，"数字原住民"习惯于云服务，如 OneNote 或 Dropbox。对 IT 部门来说，当一些文件被保存在本地或上传到单独的应用程序或系统时，就会出现完全混乱的情况。

大公司解决这个问题的方法是把员工锁定在一个环境中，他们没有权利也没有可能根据自己的喜好调整系统。当然，这限制了创造力，导致公司总是落后一步，因为这样不会吸引到他们所需要的数字人才。如果你们真的想吸引人才，请在"数字原住民"中寻找，而对这一代人来说，拥有选择的自由是一个重要因素。

另一方面，如果公司采用了相反的管理办法，即运用一个松散的系统让任何人都可以做任何 IT 工作，那么它就变得不安全，而且很难用旧的方法来支持。

我们的结论是，在未来，使用不同操作系统的连接设备不会比现在少。恰恰相反，肯定会更多。因此，必须选择自己的方式，解决标准化 / 结构和自由 / 自治之间的矛盾。可以通过选择正确的基于云的方法来实现，也可以选择最合适的平台。无论你们选择哪一种，都必须是互联网驱动的、基于云的并且是简单易用的。可能仍然会有明确的政策解释哪些东西因安全原因不能存储在本地，但不妨把它作为公司的价值观、结构和文化的一部分来处理。要将人们锁定在一个结构中变得越来越难，如果你们试图锁住一个"数字原住民"或"数字阿尔法"，问题就会更加显而易见。

在价值驱动的组织中，价值观决定了一件事是否正确。未来的差异决定了我们的价值观和文化必须随着时间的推移而发展并包容新的观点：我们重视并培育自己以及客户的数据，从未停止过前进。相反，如果把这一点加入价值清单中，将对我们努力成为脱胎换骨的公司大有裨益。

自带设备（BYOD）

自 2010 年以来，自带设备（BYOD）的现象已经深入人心并开始蔓延到越来越多的公司。自带设备的原则是，公司让员工使用他们的私人硬件，比如他们自己的智能手机，并由 IT 部门批准作为工作工具。这增加了对管控和安全措施的需求，但许多人仍然认为这样做利大于弊。BYOD 是一种观点，也是一种结构性的变化，但更重要的是它意味着一种文化的改变。我们相信，这对"数字原住民"和未来的几代人来说是再自然不过的。

未来越来越多的雇主将要求员工携带自己的设备，对新的数字一代，这不足为怪。因为这样做顺应自然，也体现了现代化。在为公司省钱的基础上，通过取消购买硬件的需要，人们创造了一个不局限于某个地理区域的现代工作场所。今天的大多数年轻人已经有了先进的笔记本电脑和手机——既然他们已经有了可以工作的设备，为什么还要再买新的呢?

随着连接设备的激增，自带设备将在不久之后成为一种必然。从可穿戴设备和物联网（手环、手表、智能服装等）的角度来看。很明显，雇主不应该重复购买员工已经在用的智能设备。

如果我有一块苹果手表，我应该再买一块用于工作吗? 在整个雇员／雇主系统正在发生变化的时候，年轻一代将会受雇于不止一位雇主，他们是否应该为每个雇主配备一块新的手表?

当我们把视野扩大到所有可连接的事物时，事情变得更加令人兴奋。如果我的衣服是智能连接的，我是否应该买一套新的工作专用制服在办公室使用?

这直接成了一个既定事实，我们必须接受这个事实——即人们将获取设备连接，将已有的私人设备整合到工作之中，而不是获得新的设备。

移动性催生新技术

移动性已经远远超出了手机的范畴，超级智能计算机随处可见。下面我们来列举一些正在席卷全球的移动设备。

可穿戴设备

可穿戴技术是内置于可穿戴产品的移动技术。与第一次移动革命一样，大多数人第一次接触可穿戴设备是在家庭或消费场合。这一趋势始于 2010 年左右由耐克和 Fitbit 等公司开发的薄款运动腕带。在健康领域，我们看到了很多应用产品：通过传感器收集数据，可以了解我们的身体状况，并为我们提供诊断。例如，苹果公司的应用程序"健康"（Health）可以通过不同种类的集成和连接设备测量人们的活动。现在，智能服装也出现了，其传感器可以测量你在运动过程中的肌肉功能、心脏频率、氧气摄取量及运动模式。

虽然我们已经有了可穿戴设备，但是我们其实还没有真正开始接触未来。最终，我们会看到巨大的应用浪潮，人们将可以在自己的身体上应用数字补充品。很快，曼弗雷德·克莱因（Manfred Clyne）和内森·克莱恩（Nathan Kline）在 20 世纪 60 年代提出的赛博格（Cyborgs）——半人／半机器的理论可能就会成为现实，合成连接的植入物可以取代或补充我们的身体机能。

无人机正在到来

随着无人机的制造变得更加高效，其价格也降到了普通人可以买来当玩具使用的程度。当然，无人机远不止是一个玩具。除了拍照和录像之外，无人机能够完成的任务可能没有限制。亚马逊已经在努力通过 Prime Air 概念提供无人机送货服务，最近，当我们去迪拜的时候，亲眼看到他们正在测试将无人机作为救生设备。

在未来，无人机将能做更多的事情，飞行更远的距离，而且速度更快、更加智能。我们已经看到无人机技术如何帮助人们将援助物资运送到需要的地区——无人机在那里降落、充电，然后前往下一个目的地。在这一领域，科技将为发展中国家或基础设施落后的地区带去无数的机会。

虚拟现实（VR）技术和增强现实（AR）技术普及

2015 年，我们看到了虚拟现实（VR）技术的发展以及向公众使用迈出的第一步。VR 本身并不新鲜，但目前的技术带来了新的机遇。VR 将被用于从会议到设计项目、游戏、体育和音乐活动等各个方面，并为我们提供度假地或出租公寓的逼真影像。

另一个现象是增强现实（AR）技术，相信这一技术将在某个时刻赢得在实时技术领域的竞争。不同的是，AR 通过将软件与现实相结合，推动现实的发展。AR 技术在军事应用中有着悠久的历史，例如战斗机飞行员的头盔可以将信息和目标投射到飞行员的眼前。

历史上，AR一直是高端和高成本的应用，现在这一点正在快速被改变，市场上越来越多的应用和商家就证明了这一点。如果你看过《阿凡达》《少数派报告》《钢铁侠》或《机器人总动员》等电影，就会明白AR技术能做什么。

从消费者的角度来说，他们可以从手机上买到任何东西。从卖家的角度来看，所有客户和用户数据现在都可以通过在线互动获得。利用数字化，不仅可以获得关于消费者的信息，而且产品/服务的购买与支付过程从未如此简单。购买过程越来越容易，移动钱包也越来越普遍。

波士顿咨询公司的一项全球调查显示，一个普通的智能手机用户产生的购买力为700美元~6000美元，而且这个数字随着世界的移动化而不断增加。

随着移动商务的发展，越来越多的支付解决方案进入市场。现在许多企业都在争夺你的移动钱包。苹果支付和其他大公司肯定会使移动钱包取代传统钱包变得更容易。

支付解决方案现在也被整合到社交媒体中，从而进一步简化交易过程。脸书和Pintrest都与Stripe合作，直接通过其新闻推送系统提供支付服务。脸书现在也推出了通过应用程序Facebook Messenger汇款的功能。

移动性以不同的方式影响着你们和你们的业务，而支付解决方案已经成为许多现代商业模式的一部分。用于发展与顾客互动的面向外部的数字化，很可能会包括身份识别或直接支付。瑞典的EasyPark或美国的ParkMobile是在停车领域改变了数字互动的典型例子，用移动应用取代了停车计时器。EasyPark的例子说明了小公司可以如何对抗大公司，建立起自己的移动支付解决方案。EasyPark简化了支付过程，还增加了可以帮助人们降低压力水平的功能——无论你在哪里，只需点击一个按钮就可以延长或终止停车时间，这不仅节省了时间和精力，也给客户带来了经济收益，因为司机个人只需为他们实际停车的时间付费，企业客户也不再需要分发停车费或处理原来的停车收据。

如何确定现在是否是制定移动战略的时机呢？需要思考以下几点：

- 在客户最需要的时候，你们是否在他们身边？
- 你们是否在收集移动数据和信息使得数据驱动的决策更明智？
- 移动能帮助你们更快地实现目标吗？
- 通过移动技术，应该怎样做才能变得更快、更简单、更好？
- 如果某家公司会利用移动化颠覆所在领域，那么这意味着什么，又将如何改变你们所参与竞争的市场？

3

第三部分

如何取得
数字化的成功?

《时代》杂志
永不下线

第 14 章 ——————————————————— ■
从你开始

广泛涉猎各门学问，然后择一门深入钻研。
———托马斯·赫胥黎（THOMAS HUXLEY）

无论背景如何，从事什么工作，你都可以成为一个数字化领导者。培养世界一流水平的数字化领导力是漫长的旅程，但就像每段旅程一样，千里之行，始于足下。

第一步是领导自己，强化自己的数字化形象，充分利用身边榜样的力量。这一步成功与否的决定性因素是你的能量和动力有多大。如果你已经感觉到了数字化——甚至你本身就属于"数字原住民"——那么，你可以快速浏览本章的内容，之后进入下一步。

提示 1：通过数字导师提高数字意识

要想获得成功，需要将能力建设、合适的工具、主观意愿以及大量的培训结合起来。与其他所有的培训一样，你需要一些支持。如果还没有人支持你的话，不妨给自己找一个数字导师。总有一些人在数字世界里更为出色。他是谁，在哪里能找到他，你们能互相帮助吗？下面是一位管理者对他的数字导师的描述：

"数字导师为我提供了一个完全不同的维度，给了我全新的观点——我可以通过他的眼睛看到并理解数字世界。现在，我在学习新的应用，开始敢于尝试新东西，走出自己的舒适区。通常我们会在早餐、晚餐时见面，或者在晚上喝着可乐聊聊数字化。我给出的是作为一位企业管理人员的观点，而他则以年轻的天真质疑一切实体的东西。就在上周，他打电话给我，声音中带着骄傲说："我成功了，我拿到了驾驶执照！'他当时刚满 18 岁。"

提示 2：提高对现有工具的使用率

下一步是通过使用身边的数字应用程序开始你的旅程。

你可能有手机、iPad 或其他平板电脑，还有笔记本电脑。问题是你如何运用它们，你是否拥有同步的数字体验。对苹果用户来说，软件是通过操作系统和普通的苹果账户连接的。对微软用户来说，通常情况下也是如此——Office 365 目前覆盖了所有三种环境（手机、平板电脑、电脑），即使是苹果手机与 Windows 电脑结合使用，你仍然可以通过苹果操作系统的 Office 365 应用获得共享的同步体验。

实际上，你使用什么技术并不那么重要，只要有支持每种硬件的应用程序就可以了。

提示 3：增加移动性，引导对可及性的预期

移动性意味着可以在任何地方工作。如果你是管理者，明确你希望组织如何实现高效的移动办公。你对同事有什么期望，他们又对你抱有什么期望？如果你想担当领导重任，请确保自己做到领先一步。如果你希望同事做到快速回应，并且总是在一定的时间范围内做出回应，那么你也要以身作则，而且要更快。不用快太多，但绝对不能更慢。

要做到指令清晰并管理别人对你回应的预期，尽可能在平台上随时更新你的忙闲状态。Skype for Business 和其他交流平台都有内置的个人状态功能，你可以标明自己的忙闲状态。在电子邮件上也是如此——你可以设置成"离开"的状态，这样接收者可以看到你什么时候会再次上线。所有这一切都是关于引导并管理人们的预期。

提示4：增加沟通与透明度

利用移动技术可以让组织获得更多的信息。在员工调查中经常出现"信息缺失"的情况，缺乏信息会导致人们的猜测，数字通信平台能改变这一切。使用内联网、电子邮件和社交功能，如Yammer、Chatter或Slack并在内部社交渠道上更新正在发生的事情、客户会议进展如何，或某一项挑战正在如何影响到你们，会带来很大的益处。还需谨记：图片和视频是人们喜闻乐见的形式，比长篇大论的描述性文字更容易被消化。如前所述，社交媒体还可以帮助人们获得公司发展的新灵感和新想法。

同时，要持续在外部社交媒体上出现，建立你们的数字化形象。

提示5：寻找可移动的一切

探索在经营中已经在运行的与业务有关的应用程序，思考在移动方面还有哪些机会。有没有不需要太多工作或投资就可以使用的东西？如果你们使用CRM系统，如Salesforce或Microsoft Dynamics，他们都有卓越的移动应用程序。通过使用移动技术，可以扩展自己的极限，并且从在组织自身拥有信息的这种体验中学到更多。通过这种方式开启变革旅程，你很快就会开始期望从其他类型的业务应用程序中获得相同的功能。

提示6：结识盟友并培养一批活跃的追随者

采用新技术并培养追随你们的盟友。如果这些人发表评论并传播信息，你们的博客就会变得更加活跃。随着更多的人参与传播，你之后的数字化旅程会变得更加容易。

提示7：寻找更为高效的方法

数字技术带来的一大好处是使工作更有效率。用更少的时间做更多的事情或多或少总是进步的前提，因此应该研究如何使现有的工具更有效。这并不意味着要下载所有的应用程序，或者运行大量的业务应用程序用以测试其效果，那可能会造成不可持续的局面，当真正的挑战——数字化转型——到来时，会让你们的情况更糟。

我们的建议是，要开始使用目前已经拥有的一切资源，并将行为向移动和数字方式转变。要敢于质疑你们的工作，以及思考如果在使用目前拥有的数字工具的情况下，是否可以更有效率。

提示 8 ：使用中央存储器来分发信息

在组织中，如果不止一个人向你索取文件，通过一个中央内联网发布并传播这样的文件不失为一个好主意。当然，总有一些人会不断地到源头（你这里）来找最新版本的演示模板或报告，那只是因为他们觉得这样比自己找更简单罢了。

你可以养成一个习惯，每当有人第二次来找你，你就可以通过内联网或社交平台上的链接把信息集中分发出去，如果你认为该信息对更多人有益——那意味着这样的信息就应该立刻放到那里。

提示 9 ：转变思维，以"数字优先"为会议原则

在提高效率的道路上，还有一个障碍是工作会议。围绕会议的规章和计划等有不同的范式，但这里仅提供一条建议：虽然总会有一些人想和你坐下来谈，而且现场会议有时是绝对必要的，但如果想真正实现高效，就问问自己是否可以用数字方式"参加"某些会议。把数字会议变成常态，只有在明确有具体收获的情况下才选择现场会议。

数字会议节省了路途时间，避免路途奔波，也展现出对环境保护的关注，但更重要的是，会让组织建立一套新的会议标准。改变谈何容易，许多人会批评你，会说没有什么比现场会议更重要，但请记住你们的根本目的——变得更高效。应该朝着彻底数字化的方向行动，而这要从自己开始。

提示 10 ： 尝试成为最酷的新游戏玩家

对这一提示，你的自然反应可能是：这也太过了吧！我可不会玩什么游戏。其实我们并不是说你应该在工作期间玩游戏，甚至你不想玩也要继续玩。只是，游戏中包含的一些东西，我们建议你仔细看看：

- 用户体验（User Experience，UX）：游戏界面的开发是为了吸引和激发用户使用。开始阶段总是很容易——通常情况下（特别是在高级的游戏中），会提供教程教大家怎么玩，迄今为止还没有任何商业应用能做到这一点。这为你们在工作中提供了一个参考维度，可以帮助评估新的应用程序，甚至勾画出未来客户体验的理想图景——易懂且有趣。
- 游戏机制。每种类型的游戏都会使用虚拟奖励系统和游戏反馈机制。不同的游戏挖掘了人们不同的内在动机，吸引了不同类型的玩家。而不同的功能将沿途的进展可视化呈现出来。通过测试不同的游戏，并分析激励玩家继续玩下去的因素，你可以将新的维度带入工作之中。有了这样的维度，你就可以对你们将要实施的商业应用中的用户体验提出质疑。如果计划为企业增加一个数字交互（游戏化）的平台，那么通过游戏，你会对如何将数字交互纳入组织有更多的理解。现在，你可能想试试几个游戏，这不是不可能的，这里为你提供一个推荐清单：

开心农场 （Farmville）	这是脸书上的社交游戏，玩家在这里可以将一块土地开发成耕地，可以播种、种植，并以农场币和农场现金的形式赚取虚拟货币。 视角：探索、开发、社交

糖果粉碎传奇 （Candy Crush Saga）	这是让游戏公司 King 闻名于世的移动游戏。该公司在 2015 年被动视暴雪公司（Activision Blizzard）以 59 亿美元收购。 视角：以通关为导向，追求给玩家不断注入多巴胺
我的世界 （Minecraft）	这是瑞典最著名的出口游戏产品之一，由 Mojang 公司开发，2014 年以 25 亿美元卖给微软。在游戏中，玩家使用类似于数字乐高的积木，可以搭建任何想要的东西。 视角：开发、探索、协作、学习
超凡双生 （Beyond:Two Souls）	这款游戏堪称索尼 PlayStation 平台上制作最精良的游戏之一。剧情围绕着主人公朱迪·霍姆斯（Jodie Holmes）展开，她自出生以来就与她的灵体艾登联系在一起。 视角：享受创新的设计，通过固定的时间轴，所有的信息和数据以一种全新易懂的方式可视化呈现。

第 15 章

引领数字化转型

在不得不改变之前，你应该主动变革。
——杰克·韦尔奇（JACK WELCH），前通用电气董事长兼 CEO

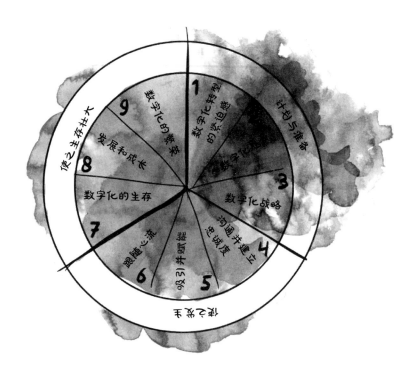

　　上面是一张涵盖九个步骤的数字化转型地图，其中的每一步都对成功至关重要。与所有的变革一样，数字化转型会遇到阻力，会遇到不理解的人，或者不想改变的人。由于变革之旅可能相当漫长，可能令人筋疲力尽，我们需要提高组织的吸引力和员工的忠诚度。

即使转型已经成功了也不能高枕无忧，因为你还要不断发展自己的行为和文化，从而使前进的车轮永不停止。你必须继续跑下去，从刚刚跑完第一圈的奔跑者演变为世界级的奔跑者。

接下来的章节将指导你们完成整个数字化转型过程。我们将提供有价值的提示和建议，带领大家在数字化的道路上互相促进。最终，数字化和变革这两个关键词将刻入公司的 DNA 中。

模型中的利益相关者

上面的模型反映了现实的状况，你可以选择对其进行解释、调整和实施，以便使其在公司的运营中发挥最大的作用。模型包括 9 个步骤，其中前 3 个较容易按顺序执行，而其余步骤最好根据运营情况及所具备的条件并行执行。举例来说，文化建设可以放在数字化转型开始之前、同时或之后，甚至可以放在数字化转型已经取得了一定进展的时候。关于文化建设的主要介绍在第 8 个步骤中，但无论何时进行文化建设都是有益的。在数字化之旅真正开始之前，有些公司有时间进行文化建设，还有一些组织有能力在发展数字化能力的同时进行文化建设。在达到数字化的顶峰之前，大多数组织将不得不重新审视文化并进行文化建设。

此外，我们还会关注内部利益相关者以及从外部视角来看顾客和供应商／合作伙伴间的关系。我们知道，需要让董事会甚至是公司的所有者参与进来，以便锚定并找到数字化转型所需的资金。然而在这里，我们选择把这些放在一边，专注于在实际过程中将主要与谁具体合作。

- 管理团队：管理团队最终理所当然对整个转型负责，并在第 1 阶段推动所有的活动。因此，管理团队需要对所选择的道路抱有毋庸置疑的忠诚。
- 变革大使：这是一支由正式和非正式的领导者组成的"部

队"，帮助你在组织中激发、吸引员工并建立忠诚度。团队是经过精心挑选的，是一群有能力、有态度、有意愿并且在变革过程中拥有最好的机会来吸引追随者。至于他们是不是管理者其实并不重要，只要能得到团体的尊重即可。

- 管理者：尽管管理者这个人群最需要提升自身的能力并改变其根深蒂固的行为，然而，他们在数字化转型中的角色是这一过程的管理者。现在，你们的组织可能拥有世界上最好的管理者；然而无论如何，他们总还会欠缺一些确实被需要的能力。

- 员工：包括组织中的每一个人，那些真正使变革发生的人。员工对转型的成功负有共同的责任。在未来，等级森严的垂直管理需要转换为水平管理。在水平管理中，团体处理问题更快、更有效——就像一群鱼，不需要"鱼经理"来告知他们要游向哪里或游得多快。

数字化转型与传统变革非常相似，不同的是数字化的所有变革都需要在"小跑"中进行，并且在 IT 和运营之间形成一种新型的组织合作。为了消除孤岛心态和次优化的问题，必须组建新的小组，提升整个组织的数字化能力。

基于这些考虑，需要提升组织数字化水平，以便在旅程实际开始时不会落下任何"数字恐龙"。如果有人固执地不想改变，他们确实有机会真正做到这一点，那么你们必须平衡这些人对组织的相对重要性、离退休还有多长时间，以及其他可能影响决定的因素。

如果你要带领大家去攀登珠穆朗玛峰，会在开始之前让那些不能或不想登顶的人离开吗？我们知道每个就业市场都不尽相同，法律决定着我们能做什么和不能做什么。然而，事实仍然是你们正面临着根本性的变化，必须采取根本性的措施，以确保那些想要登顶的人能够最终到达。

模型的 3 个阶段

以下 3 个基本阶段构成了你们的变革旅程：

- 计划与准备。据说，当航天飞机发射时，85% 至 90% 的燃料都用于升空，而剩下的燃料则在到达大气层外的航线后被消耗掉。这一原则也适用于转型项目。

- 使之发生。在马德里的圣地亚哥·伯纳乌体育场，有 81045 个球迷认为他们知道如何踢足球。他们关注皇家马德里队，了解每一位球员和球队并在整场比赛中发表的评论。然而，他们知道是球场上的球员在左右比赛。那些能够管理行动、使事情发生的人，比世界上所有的计划都更有价值。对转型来说，差异主要在于你们的协调性如何，推动的效率如何，场上的团队发挥得如何以及所产生的效果如何。

- 使之生存壮大。数字化转型就像跑马拉松。当你们实施计划的变革之时，其实是刚刚通过 13 英里的标志，距离终点还有一半的路程。你们必须继续跑下去，因为这时你们可以收获所播种的成果并创建升级新的组织文化，其中数字化和变革是融入其他一切的关键。你们的目标是建立一个强大的文化，成就越来越高的目标，领导力上升到既允许你后撤一步又能在组织需要时挺身而出的高水准。你想要的是一个能够成长的组织，并发展成为一个自我学习、自我领导和自我修正的组织。有了新的能力和数字技术，横向管理就成为可能。在这种管理模式下，传统的领导者起到支柱的支撑作用并负责提供促进成功的工具。

第 16 章

数字化领导力

领导者是知道方向、指明方向并沿着这个方向前进的人。
——约翰·麦克斯韦尔（JOHN MAXWELL）

关于数字化转型，最常见的一个错误是将之解释为仅仅需要将数字技术添加到当前的企业运营中。但实际上，数字化转型既能为数字世界加强领导能力，同时也能加强数字化能力，并从以下四个方面挑战和提升组织的运营能力：内部业务流程和系统、外部客户关系和互动、商业模式、文化。

记住：一切可以被数字化的东西都要被数字化。我们必须认识到，如果我们不这样做，别人就会这样做，这就是为什么旧的方法需要被质疑，新的改变需要被界定。

当下的工作方式将受到挑战，在此情况下，需要尽一切努力将流程数字化，与客户互动，并找到新的令人兴奋的商业模式来提供价值。

达尔文在进化论中提出适者生存，解释了适应能力最强的人如何生存下来。在当今转型的大环境下，很显然不具备适应能力就会遭遇失败。即便许多组织只是为了防止落后才开启数字化转型，但仍然可以获得很多的价值。如前所述，对数字大师级别的组织，当他们的数字化程度和领导力双双到位时，其取得的利润就会大大高于其他的组织。这种更高的利润显然来自更有效的运营、更低的成本和更多的业务。当Altimeter集团询问决策者们他们更愿意看到数字化转型的哪些价值时，得到的结果是：

- 吸引力提高（75%）。
- 顾客满意度和忠诚度提高（63%）。
- 顾客群增加（53%）。
- 潜在顾客增加（49%）。
- 更有效的顾客转化（46%）。

数字化领导力关乎如何使数字化转型得以实现，如何领导企业数字化转型，形成一个新的组织，一种新的领导力，一种升级的文化。它涉及如何增加数字化的视角并对应该被数字化的一切进行数字化，从而确保我们的竞争优势。这听起来容易，但实际上对大多数组织来说都是一项艰难的挑战。仅仅增加一笔巨额的 IT 预算，靠花钱买一条宽带，这样做是远远不够的。

数字化之旅中往往充满以下困难：

- 随着市场因数字革命而发生变化的速度越来越快，有一种风险显而易见，即许多员工和管理人员看不到数字化浪潮的到来。稳定盈利的业务可能给他们带来错觉。因此，管理层在组织中确定人们对数字化的理解变得更加重要，为此，变革势在必行。
- 在世界范围内，目前还存在相当多的"数字原住民"，他们与"数字移民"一代的同事们意见不同。让"数字原住民"加入当然是好事，因为他们通常更乐于接受变化；不过，他们同时也有一些需要变通的地方，比如个人主义、自恋，以及对自主和个人发展抱有更高的追求。任何一个员工群体都不会完全同质化，当一个群体想要的太多，另一个群体想要的太少时，就有可能造成摩擦和冲突，引发分裂。个体意愿代表着更多的创造性特征和更多的自由思考，所以可能会出现有意愿改革的人超过没有意愿改革的人的情况。因此，我们就会面临风险，即基于立场的冲突和抵抗等。如果中层管理者没有改革意愿，这种风险会更大。

- 如果数字化成熟度相对较低且管理层内部缺乏相应知识储备，这对任何公司来说都将带来更大的挑战。其中潜在的风险在于——管理层不去主动寻求帮助，反而自己做出错误的决定。正如不知道自己生病的病人很少寻求帮助，不信任医生的病人很少会理解或听从医生的话，而认为自己是医生的病人，会试图冒着风险给自己治病。

- 数字化的激进性意味着失败的风险很高，从长远来看，这一点也适用于公司的长期发展。数字化转型到底意味着什么？这取决于组织、市场、能力以及你们在数字化发展过程中已经走了多远。对这个相对复杂的问题，简单来说，我们需要做下面这些工作：

  - 开发出一个新架构，使所有能够和应该被数字化的东西都能真正被数字化。
  - 营建一种优化的文化，让数字化和变革发挥主导作用并将其纳入公司的DNA。
  - 从三个方面发展领导力：
    - 利用数字工具进行领导；
    - 领导人们进行变革；
    - 引导组织实现自我领导、自我学习和自我修正。

每一个数字化的领导者都有责任带领自己并且带领其他人，通过持续的转型来领导并彼此吸引。对那些会影响到更大业务面的更多的变革，则必须以一种全新的速度来推动，这就是超高速的变革管理。

波士顿咨询公司的一项调查显示，数字化领先者和数字化落后者之间存在明显的差异。数字化领先者的3个共同特征是：1. 对数字化愿景进行投资；2.招聘数字化专家，超过一半的数字化领先者分配数字化的工作给10%以上的员工；3.将数字化牢牢嵌入公司内部。与之相反，数字化落后者在投资、招聘必要的人才和改变企业文化方面都做得不好。因此，这份报告显示，数字化领先者和数字化落后者之间的差距正在拉大，这对那些发现自己落后的公司来说不是一个好兆头。

如果我们重温变革管理的经典观点，就会发现很多东西仍然和以前一样。当约翰·科特（John P. Kotter）撰写其著作《领导变革》（*Leading Change*），里克·莫瑞儿（Rick Maurer）在他的书《遇墙皆是门——超越变革的阻力》（*Beyond the Wall of Resistance*）中写到变革的阻力时，第一波数字化浪潮才刚刚开始。很多东西并没有改变——人们对变革或多或少都持怀疑的态度，都带有不安全感、恐惧或直接进行抵制。但之后人们的观点和行为也发生了变化。更重要的是，现在时代的步伐已经不同了。

当Altimeter集团总结出数字化转型中所要面临的最大挑战时，我们可能对此都不陌生：

- 改变公司文化（63%）。
- 将变化视为持续不断的东西（59%）。
- 推动各部门之间的合作（56%）。
- 提供优秀的资源（人员、技术、专家）（56%）。
- 了解新型整合顾客关系的影响（53%）。
- 确保来自上层的投资以及管理层的支持（42%）。

接下来，我们将继续研究实现数字化转型的模型。在下面的内容中，我们将探讨成功转型所需的能力，包括沟通能力和讲故事的能力，如何提升组织的吸引力和员工的忠诚度，消除变革的阻力，创造数字化和变革无处不在的升级版组织文化。

我们将讨论在领导层中最重要的能力建设以及谁将失去其位置。是的，你没看错。在改革的旅程中，不是每个人都能找到自己的位置——参与这趟旅程不是每个人都有的权利，同样地，也不是任何人都必须加入这一旅程。这是一个很棒的机会，决定一个人是否加入的是其个人的意愿。意愿总是胜过能力，而能力则在缺乏意愿的情况下停滞不前甚至倒退。当然，你可以给每个人一两次参与的机会，但要知道，你不能和不想登顶的人一起攀登珠穆朗玛峰。最好在变革过程的早期就弄清楚这一点，在真正开始攀登之前给他们选择另一条路的机会。

第 17 章

转型的投资者

一位伟大的人能吸引一群伟大的人并知道如何把他们凝聚在一起。
——约翰·沃尔夫冈·冯·歌德（JOHANN WOLFGANG VON GOETHE）

　　如果让你去一个荒岛旅行，你会选择带谁，是生存专家、摇滚明星、私人教练、一个朋友，还是你的另一半呢？为什么？

　　你的答案可能取决于旅行的目的是什么，你会停留多长时间，以及你最终会怀念什么样的经历。

　　但在经历数字化转型时，你并不总是能选择同行的伙伴。可能你们已经有了一个组织、供应商、合作伙伴以及客户群体。但我们想指出的是，你应该积极选择谁来加入你的数字化旅程。

　　如果你在试图将业务推向新市场、进行产品升级或尝试不同的商业模式，就会在某种程度上选择未来的顾客。此外，你们也可能选择与现有的供应商和合作伙伴保持距离，如果他们跟不上你的步伐或不适应新商业模式，可能你会选择增加新的供应商和合作伙伴。对那些给予了几次机会仍不愿加入，不愿意为数字化变革之旅做出贡献的人，你将不得不与之保持距离。

　　出于这样的原因，我们将会审视不同的角色，谁可能会对变革造成潜在伤害，谁可能带来助力。

内部相关方

管理团队

　　显而易见，这是从一开始就必须参与到变革计划和准备工作中来的重要群体。之后，管理团队需要贯穿整个变革过程，推动变革发生、持续和发展，引导整个组织向前进发。

变革大使

变革大使包含正式和非正式的领导者，以及一群拥有数字化转型所需能力的人。他们被选中的原因在于背景、能力，以及其不遗余力的奉献和忠诚。与管理层一起，这些人将在组织内部采取行动，传播信息，帮助人们理解并确保这一变革进程正在向前推进。

管理者

这是一个重要的群体，但并非所有的管理者都能领导即将发生的变革。你需要的是那些真正的领导者——即使没有头衔也能领导并且想成为数字大师的管理者，那些有意愿获得必要能力的人，那些被变革激发同时在领导变革方面也很出色的人。稍后我们将会探讨变革管理以及人们对变革的反应差异。

雇员

在员工当中蕴含着变革的巨大力量。如果不能让他们适应新的工作方式并真正与新技术融为一体，那么你的努力还远远不够。管理者们和变革大使一起，负责走在前面并在员工中创造追随者——追随者又创造出新的追随者，直到每个人都加入其中并做出贡献。但是，正如你可能已经经历过的，如果有人故意不作为，赖在船尾，那么这艘船将很难前行。

外部利益相关者

外部利益相关者也是变革中需要考虑的重要因素。那种闷头自己变革然后再向顾客展示成果的时代已经一去不返。随着我们与外部利益相关者变得越来越一体化，顾客以及供应商和合作伙伴都应该在某个阶段加入变革进程。我们把这些利益相关者放在不同的小组中，你可以选择各方在变革中的参与程度。一个很好的经验法则是，如果顾客在未来的商业模式中很重要，那么，他们中的一些人就可以贡献出有价值的知识。

战略顾客

这个群体由最重要的顾客组成，你们可能已经有了整合的模式。你们对顾客的成功很重要，反之亦然。战略顾客应该在变革的早期阶段就参与进来，并被视为参照群体——持顾客视角的专家。

试点顾客

这些顾客不仅应该作为早期参照群体参与进来，还应该参与测试新的数字互动、应用程序、顾客服务或其他你们可能开发的技术。由于过程敏捷多变，你们需要与这些顾客建立紧密的关系，他们可以参与测试你们在每个变革流程中不断做出的小型交付。在选择试点顾客时，要考虑其差异性，建立一个具有不同观点的多样化小组。你们可以使用数字技术来发送标准化的问卷调查，其中的数据会被自动收集。在你们觉得有必要的时候，可以将互联网问卷调查与面对面的访谈结合起来。

顾客

在推出新的模式、产品或服务后，要以你们制定的战略速度将更大的顾客群体吸纳进来。

供应商和合作伙伴

你们应该以对待顾客的方式对待供应商和合作伙伴，在一定程度上，他们将融入你们未来的商业模式。

外部专家

外部专家可以从不同的角度提出建议，特别是当涉及数字领域的时候，或者也可以在文化和领导力发展方面提供洞见。实际上，转型对所有的利益相关者来说都是一桩难事，有时将局外人的看法考虑进来不失为一个好主意。那些能提出尖锐问题的人，往往能在发展未来文化和技术的问题上支持管理层的工作。

可以带来帮助或造成伤害的不同角色

在探讨有关组织的问题时，我们希望让你了解在变革的路上可能会遇到哪些不同的角色。如果管理得当，他们中的大多数都可以成为你们强大的资源，为数字化转型做出贡献，这就是我们为什么要将如何善用其积极一面的建议纳入进来。不过，对有些人你必须要格外注意，因为他们的行为会阻碍发展并与你们的目标背道而驰。

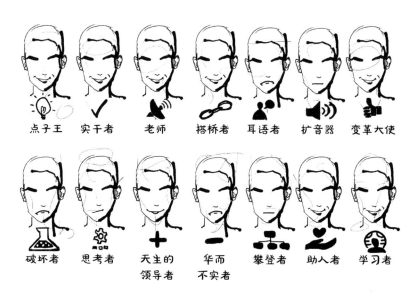

点子王　实干者　老师　搭桥者　耳语者　扩音器　变革大使

破坏者　思考者　天生的领导者　华而不实者　攀登者　助人者　学习者

点子王

点子王的想法特别多，而且迫切地需要被听到、被看到。点子王通常会传播正能量，然而，如果你不给他们机会让他们参与，这些正能量很可能会变成沮丧和阻力。

如何将这些点子传达给更多的人同时减轻你们肩上的负担呢？其中一个方法是在你们目前的内部网或内部社交媒体渠道上开设一个点子论坛。在这里，其他人只需通过点下"赞"的按钮，就可以对这些点子进行评估了。

实干者

实干者对任何一种变革来说都是真正的财富，是值得信任的人，并且总是抱着"包在我身上"的积极态度。在他们身上，正能量爆棚，具有这种特征的人可以被安排在变革的核心部分，他们能带来巨大的益处。

通过将推动敬业度的任务交给实干者，其正能量可以产生更高的价值。通过在公司内部对其进行表扬来认可实干者的卓越行为，最好是通过内部网或社交媒体平台的方式传播。

学习者

学习者通过在业余时间（晚上和周末）以及在工作中不断获得新的信息而使自己与众不同。

学习者具备内部专业知识，在公司内部数字渠道的帮助下可以成为别人的老师。他们的能量通常是积极的，但他们也可以对变革变得挑剔，并提出客观的论据来反对变革。

老师

这类人存在的意义就是为了传道、授业并通过分享自己的观点为他人做出贡献，其动机可能是需要被看到和被听到，或者是真正希望帮助他人。

你需要确认老师所传播知识的有效性，并给老师提供最适合的舞台。通过电子邮件传播知识根本没有效率可言，一个完善的内部网或社交媒体平台是不错的选择。

扩音器

在"扩音器"这一类角色身上，可以找到想要被倾听的需求，因此需要确保他们的声音响亮而清晰。与后面的"耳语者"相反，"扩音器"将所有的问题都尽可能公开说出来。想说出自己的想法或质疑某些事物的人具有一种积极的力量，但不断倾听很容易让人感到厌倦。

如果"扩音器"出现负面作用，对待这类人，帮助他们以积极的方式传播能量就变得很重要。你甚至可以让这类人在测试过程中成为一个主人公，以满足他们被倾听的需要。

耳语者

用耳语交流信息很少出于善意。大多数耳语者（或背后捅刀子的人）在暗处指指点点并到处传话，而不是做出贡献。

创造开放沟通的机会，这样就没有人会质疑为什么他们不应该悄悄说出自己的担忧。请相信一点，如果没有沟通的渠道，信息就会通过口头传播，也就存在原始信息被篡改的风险。

破坏者

你一失败，破坏者就会成功。为了理解破坏者这一角色，让我们先来谈谈他们的动机，然后再挖掘实际问题。数字化转型将遇到来自不理解、不喜欢或不相信这一想法的人的阻力，他们并不信任你的领导力。

活跃的破坏者会给你带来巨大的阻力，正如他们的名字所示，你将永远生活在被破坏的威胁之中。因此，对任何带着破坏者色彩的人都要密切注意并立即采取行动。

搭桥者

这是能与各个部门合作的人，可以帮助你们尽量减少"孤岛"和"视野狭窄"的风险。通过建立连接，让那些有兴趣的、在不止一个领域有能力的、值得信赖的人参与改革，他们可以在部门之间创造理解和信任，而这在数字化转型中是必要的，这就是为什么搭桥者会成为变革大使中间的关键角色。搭桥者的能量显然是积极向上的。

变革大使

变革大使是你们最重要的资源之一，是指那些早期加入并积极推广数字变革的人。通过提出以下两个不同的问题，最好是以数字化和连续的方式提问，你可以衡量变革大使的影响力。你可以增加这个人影响他人的能力从而使之真正了解变革大使的价值：

- 在 1 ～ 10 的范围内，你认为我们目前的工作有多大的必要性（Y 轴），以及你认为到目前为止工作做得如何（X 轴）？
- 你以什么方式向别人传播这些信息，你如何让别人感受到你的感受？

攀登者

攀登者对利益和地位抱有雄心壮志并且会寻找各种方式表现自我，你可以通过这些特点来识别出这类人。如果你用人得当，那么这种人的能量可以提升数字化转型的效率，因为他们会尽一切努力完成任务，使自己更上一层楼。

攀登者依赖由成为发言人和完成项目的成功所带来的血清素高涨的感觉。要注意观察，不要让攀登者为了个人利益而为所欲为；相反，要给他们派一些必须让团队取得成功的工作任务。

助人者

助人者是具有高度同理心的人，他们只想帮助别人增进理解、提升感受并做得更好。助人者是变革项目中的积极力量，因为他们的能量可以提升他人。因此，你应该在这个过程的早期就识别出"助人者"并让他们参与进来。

通过使助人者了解他们如何能做出最大的贡献，可以引导他们贡献最大的价值。通过对良好行为的认可，激励助人者和其他人，为良好的行为提供舞台。

思考者

思考者通常会想出好办法，但不一定会告诉别人。他是有才华的人，但也许是内向的人，背后的战略家。对待思考者的方式是和他们进行对话，表现出你的尊重。这样，当改革陷入危难，思考者可能会站出来解决问题。

要尽早邀请思考者加入改革，因为他们很有价值，其思考方式往往是其他人不具备的。

天生的领导者

一个人，无论其正式角色是什么，都会在组织中扮演组织者的角色，这样的人就是天生的领导者。天生的领导者是个性很强的人。在变革中，他们可以起积极作用，也可以起消极作用。

因此，要观察天生领导者的意图和态度，并鼓励其行为向正确的方向发展。

现在，当你想要为变革进程制定人力资源计划时，心中就有了清晰的构思。在此，我们的建议是，当涉及未来的领导角色和变革大使团队时，需要格外谨慎。当有机会选择的时候要仔细考量，做到在对的时间让他们参与到对的任务中来。

计划与准备

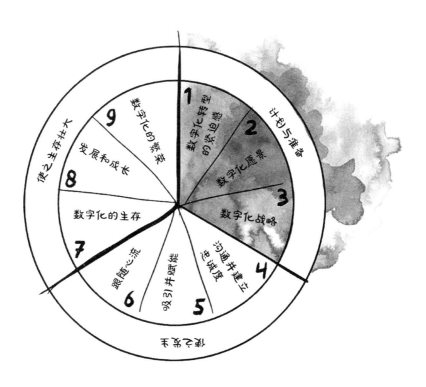

第 18 章 ■
数字化转型的紧迫感

伟大的思想先于伟大的成就。

——维尔弗雷德·彼得森（WILFRED PETERSON）

凌晨 2 点，一位我们认识的公司领导正在开车回家的路上，他要在家睡几个小时，然后赶往机场。开着开着，他感觉眼前一片白茫茫，突然，汽车的安全气囊爆了。

这么多年来，在马不停蹄高度兴奋的工作中，他没能听从自己的内心，也没有听从别人的劝告，于是，他撞上墙了！灾难已成事实，他最关心的倒不是汽车撞得怎么样，而是压力和不健康的生活方式造成的严重损失。现在，他意识到有些事情需要改变，但为时已晚。

客观、冷静地看待自己绝非易事。当柯达公司在倒闭前几年表现出有史以来的最佳业绩时，人们可能很难预测未来。不是因为人们通常不容易看到即将到来的景象，而是因为他们的眼睛被一种不可战胜的愉悦感所蒙蔽。我们可以得出结论，许多革新都是危机的结果。在危机中，人们看到了生活严肃的一面，振作了士气，唤醒了战斗精神。

不管怎么说，人们在危机中陷得越深，往往就越会存在视野狭窄的风险，同时掌控感也会下降，有时根本就是回天无力。避免这种局面的诀窍是提高自我意识、战斗精神和能量，并在失去控制之前及时将这些聚焦在重要的问题上。数字化转型的过程就是和时间赛跑的过程。

至于时间的流逝有多快，则取决于你所在的行业，让我们就此达成共识——现在就是对的时机。那么，应当如何在股东、董事会、管理团队、领导层和组织内部尽可能创造出一种紧迫感？

"建设性妄想症"一词是由作家吉姆·柯林斯（Jim Collins）提出的，用来描述成功的领导者往往会做最坏的打算。这种形式的偏执是有分寸的，它是有建设性的、促进向前发展的，并以解决方案为导向，而不是引起恐惧和焦虑。作为变革领导者的你可能需要乐观的人生观以及一些额外的能力，如现实检验能力、灵活性、抗压能力、解决问题的能力、冲动控制能力以及同理心。

现实检验能力

当你想明确现在或未来的挑战时，具备客观看清事物本质的能力非常重要。关注现实并以客观的方式清晰讲述正在发生的事情，这种能力有助于让那些想要了解事实的人站在我们这边。

董事会往往是由具备这些能力的人组成的。我们的可信度往往通过我们对情况的认识和客观看法得以加强。由此，我们将论点建立在事实和感情之上。

灵活性

灵活性是一种为了适应不可预测的情况而调整自己的情感、思想和行为的能力。我们需要利用灵活性来避免陷入旧的模式或想法，比如"一直都是这样做的"。你知道有谁只喜欢已知的和可预测的，或者谁不喜欢任何形式的变化吗？

灵活性是未来组织中最重要的能力之一，因为我们唯一知道的是——我们不知道数字革命的下一个阶段会带来什么。

请思考一下并扪心自问，你会称自己为一个灵活的人吗？

抗压能力

在分析外部情况和内部情况时，我们往往会倍感压力。当咨询顾问告诉你是时候着手数字革命的下一个阶段，开始业务转型时，这一点会特别明显。为了避免变革步伐加快时出现视野狭窄的风险，并让我们对处理和控制局势的能力保有信心，我们需要具备抗压能力，这对我们反思现状也有帮助，有助于我们不要太过仓促地奔向目标。

问题解决

要做到以解决问题为导向而不受个人情绪影响，我们需要有一种解决问题的能力，这不是指解决方法本身的好坏，而是要理解情绪会如何影响我们的决策力，以及在这个过程中如何有效地利用这些情绪。例如，专注于一个问题时始终保持冷静，不因大量的信息或太多的选择而沮丧或分心。这也关系到你是否真的开始着手解决已经发现的问题。

冲动控制

不下草率的结论，不冒过早行动的风险，我们需要控制来自大脑让我们"行动，现在就行动"的那股冲动。冲动控制是知道什么时候行动以及应该以什么方式行动以取得最佳结果。典型的冲动之人总是先行动，后思考。如果控制冲动的能力低下，就有可能做出草率的决定，或者做出一些既无战略意义又无战术意义的决定。同样地，这也适用于我们需要传达紧迫感的时候——由于控制冲动能力低下，我们会冒着制造阻碍性恐惧的风险，而不是带来洞见和高明的决策。

同理心

要了解他人的感受，通过他们的眼睛看世界，你需要具备一定程度的同理心。这尤其适用于组织内部，我们需要了解组织里的人们对我们所传达的信息会如何回应、如何反应，这才是我们创造正确的紧迫感的方式。我们需要了解他人将做出怎样的理解，或者自己存在什么被误解的风险，这样才能更好地传达信息。

从外部的角度来看，同理心也是至关重要的，特别是如果你们的组织有赖于别人的资助。我们常常忘记一件事，那就是我们的收入源自别人对我们的评价。当客户不再认为我们提供的产品或服务物超所值时，我们就失去了这个客户。我们的存在是为了服务他人，无论客户是谁，只要有资金进入我们的组织，我们就能生存。

因此，在你真正开始着手解决问题之前，应该对你和所在团队的"情商"进行评估。在了解变革旅程需要的各种能力之后，你们就能更轻松地采取相应的行动，并训练自己更有效地传递信息。

制造紧迫感的首要任务是创造使人们愿意行动和变革的情感。变革是一个漫长的旅程，倘若推进得当，便可以产生良好的效果。与此同时，变革中也需要保持平衡，如果我们给出的信息带来了恐惧，而不是有用的热情和建设性的想法，那么用力过猛反而会适得其反。记住：不是每个人都像你一样了解情况，从而像你一样做出反应。

为了帮助你顺利领导变革，我们在下面提供了一个模型，其中包括十个步骤，供你在最初的战略工作中与管理层一起使用。请记住：你们应该一步一个脚印，不要走得太快。

第 1 步：市场的变化及潜在驱动因素

首先问自己一个问题：市场上最大的数字化变化是什么？

我们可以从四个方面确定数字化的表现形式：内部业务流程和系统、外部客户关系和互动、商业模式、文化。当涉及内部数字化时，活跃度是否有一个根本性的提高？顾客的购买行为以及他们希望与供应商互动的方式是否在改变？供应商应对市场的行为模式是否在改变？商业模式在哪些方面发生了变化，市场对它们的接受程度如何？市场上的文化以何种方式向数字化转变？

现在，我们来分析一下变化背后都有哪些强大的驱动力。记住那些能够使你们的服务与众不同的因素，以及是什么原因让客户流失了：

- 竞争对手的工作方式不同吗？
- 他们的产品或服务价格更低，或者甚至免费吗？
- 他们有了推动新闻效应的新产品和升级的产品或版本吗？
- 他们提供的产品性能更高，效果更好，功能更多吗？
- 他们给客户的定制化程度提高了？
- 他们的成本效益高吗？
- 他们减少了风险，增加了自由度吗？
- 他们改变了设计和用户体验吗？
- 他们增加了可得性或舒适性吗？
- 他们提升了品牌？
- 其他因素？

第2步：当下和今后的竞争

关注发生了什么、为什么，以及谁使之发生。谁是你们今天的竞争对手，哪些新的参与者正在进入市场？用这些来阐述内部的优势、劣势、威胁或机遇。写出当下和今后你们面对的四个主要竞争对手的名单。如果两份名单有所不同，那么，是什么让某个竞争对手的排名下降了？

第3步：目前的数字化状态

现在是时候问几个问题来确定你们目前的数字化状态了。这适用于组织的数字竞争力评估。数字竞争力指能够使用数字媒体搜索信息、沟通、批判性地判断信息、分析、收集并以有效的方式发布信息的能力。此外，它还意味着你们公司对数字技术如何运作以及如何改变整个社会的普遍理解。

无论你们的公司现在处于怎样的位置，数字化转型都意味着你们所在的组织将彻底改变。为了确定变革的路线，你需要确定当前的数字化能力和成熟度。让我们先从人的因素开始，将其分为3组——数字恐龙、数字移民和数字原住民。

现在，我们把上述内容看作是一个 X 轴（让人们在工作中理解和使用数字技术的相对简单的方法如上述 3 组分类），之后，将你们目前的数字状态（组织的利益相关者——管理团队、管理者、员工、顾客和供应商／合作伙伴——如何使用数字辅助工具来有效地管理他们的工作）看作 Y 轴，来做个练习。

管理团队	0～10
管理者	0～10
员工	0～10
顾客	0～10
供应商／合作伙伴	0～10

这一练习为我们提供了一个简化的图像，我们称之为数字化利益相关者地图，这未必非常科学，但能够帮助你们加深对当前所处状态的理解。

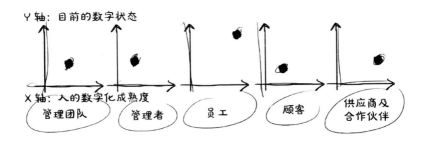

如果你们还想看看竞争对手的话，就把他们也加到图上。如果你们直接竞争对手的员工具备较高的数字化成熟度和全面的数字化能力，那么，你们就需要提高数字化转型的速度。顾客角色对你们发展更多的数字化顾客互动非常重要。如果你们的供应商或合作伙伴没有以同样的速度发展，他们就有可能成为你发展道路上的障碍。

第4步：优势

现在加上你们未来将成为优势的数字和实体资产，切忌这指的不是基于你们目前的状态，而是那些能把你们带到一个新状态的优势。并且你需要质疑每一项优势在几年后的相对价值。

第5步：弱点

现在我们移到图的另一端。你们在哪里发现了自身对未来和新市场来说最大的弱点？你们要对组织领导和文化方面的任何弱项进行分析。

第6步：机遇

现在，检视一下你们有哪些机遇。逐一列出这些机遇，并思考如果你们在各方面都做到很好，那么这些机遇会变得怎样。为你们的最佳机遇创造一个画面——即最理想的情况是怎样的，用一句话来描述这个画面。

第7步：威胁

你们需要花一些时间和精力来分析自己面临的威胁。需要根据市场的情况、当下和今后的竞争对手以及他们的优势和劣势来进行分析。为了更好地把握你们的机遇，要意识到存在哪些对成功的潜在威胁。之后，确定优先次序，想象一个最理想的情况，但也要描述清楚你们最担心的事情。

第 8 步：不确定因素

对你们到目前为止所做的工作进行一次现实的客观评估。列出你们在审视大局时看到的不确定因素并进行排序。你们的假设建立在什么基础上——哪些是铁的事实，哪些只是猜测？

别忘了，我们唯一知道的是我们不知道未来会是什么样子。因此，列一份清单，写明你们一无所知的事情。这一步是对现实的检查，也是对自我意识的检查，用这一步骤来排查不确定性在哪里。然后，你们可以利用这一点在即将发布的信息中建立你们的可信度。

第 9 步：组织当前的紧迫因素

经过分析，如果没有发现任何威胁或者弱点，要么你们非常幸运，要么可能需要重新做一遍检查。给与你一起经历过这个过程的小组成员做个测试，请他们每个人回答这个问题：在 1 ～ 10 的范围内，我们开始（或加快）数字化转型的紧迫性如何？

请注意你们在哪些方面达成了共识并反思答案的不同。是什么让你的同事们有了这样的感觉，他们的观点与你的观点有什么不同？

现在，用同样的问题来评估组织其他部门实施数字化转型的紧迫感。你们可以根据一些相关问题，为每个小组做一个正式的数字化调查，也可以坚持在此阶段只做自我评估，因为你们还没有向大家全面传达制定的愿景。

第 10 步：总结及陈述

最后，为董事会、管理团队、首席执行官或任何其他收件人写一份执行摘要，简明扼要地注明结论。将工作材料作为附件添加到最终的总体安排中。现在，你就有了一份准备充分的报告，可以在合适的地方和时间向人们介绍。这将是数字化旅程的开始，以此作为基线，开始精心勾画你们的数字化愿景吧！

干得漂亮！

第 19 章

数字化愿景

命运不是什么机遇，而是一种选择。不是希望得到什么，而是真正得到什么。
——威廉·詹宁斯·布莱恩（WILLIAM JENNINGS BRYAN）

一天早上，一位伟大的领导者去登山。随着太阳从地平线上升起，他迎来崭新的一天。回来后，他讲述了旅途中的故事。

"站在山顶，我看到了未来。我看到我们征服了世界，这个好消息传遍了各个国家，跨越每一个大洲。当你们看到我所看到的，当别人看到你们所看到的时候，一个新的时代即将开始。从此，整个世界紧密相连。"

大家欢呼雀跃，充满了希望，愿意追随他们的领导到天涯海角。

倘若一场变革真有那么简单就好了。然而，一个人的梦想不可能开花结果。只有当愿景是一群人的共同理想时，力量才能涌现。同时，追求愿景是一桩难事，把管理团队关在一个房间里，在完成工作之前不让他们出来，这样的做法不切实际，所以并不真正可行。此外，变革也是一项不应该被低估的任务。这整个过程可以被认为有些过分，因为变革迫使参与其中的人们跳出框框去设想自己所追求的未来。

然而，上面这个故事可以告诉我们一件事：

那就是一个好故事的力量以及讲故事的方式应该被用来为组织带来能量，让人们愿意成为组织愿景的一部分。相信我们都有同感，让我们至今难忘的老师是那些给人留下最深刻印象的人。比如历史老师用精彩的故事，让我们回到法国大革命或第二次世界大战中，于是，他本人也成了那个让我们认真倾听并且记住的人。

作为贝宝（PayPal）、特斯拉（Tesla）和Space X公司的联合创始人，埃隆·马斯克（Elon Musk）在一份著名的声明中阐述了火星殖民的愿景：

"我想死在火星上，只是不要被撞死。"

我们当中可能很少有人赞同他的愿景，但埃隆的表达方式可以告诉我们一些重要的东西，即一个人绝对信念的力量。愿景必须是真实的，并反映出领导者的感受和愿望。领导者必须以绝对的信念显示他们达成所愿的决心——哪怕他们流露出一丝的不安，就可能产生雪球效应。如果一切都没有达到100%的真实感，人们就不会给予你必要的信任。

为了帮助你一路走下去，我们将分享一些秘密，并通过有效的方法带你走过这段旅程，帮助你形成数字化愿景。需要记住：必须在有吸引力的、容易理解的和清晰的愿景下展开变革之旅。

在开始之前，如何组建团队由你来决定。最重要的是，你要召集关键的决策者来完成这项任务。为了简单起见，我们假设你是领导这一过程的人，而管理团队负责创建愿景。

第1步：梦想

实现目标的第一步是确定要去何方。在一个创造性的过程中，人们通过视觉和文字描述最终目标。你们会被问到一些问题，希望在形成答案之前，先思考一下这些问题：

a. 你们选择什么样的时间框架？是1年、2年、3年、4年，还是5年之后？

b. 假设现在是10年之后，站在未来，如果可以从以下视角选择，你们会选择哪些视角来描述你们的成就？

- 社会
- 顾客
- 员工
- 公司

- 投资方
- 其他

c. 现在，从你们选择的视角出发，选择一个适合发布新闻的媒体。如果愿意，尽可以使用传统媒体。想一想，如果我们在某个杂志的头版描述我们的梦想，我们将使用什么样的画面、事件、人物以及在头版上究竟写些什么？

如果你们的团队里有擅长绘画的人，可以让他们画一画这个头版是什么样的。或者，你们也可以自己画草图。现在的主要任务是把大家凝聚在你们创造的画面（头版／新闻）周围，这幅画面展示了组织／公司将来会因什么而被人们铭记。

第 2 步：改变了的数字竞技场

当你们知道自己想要实现的是什么，下一步就是确定需要从数字化的角度来做出哪些改变。可以使用四个维度——内部流程和服务、外部客户关系和互动、商业模式、文化，逐一进行改变。可以根据情况自行选择先后顺序。

最好是将这项任务作为一项持续的小组任务来完成。打印出杂志头版的首页，或直接将画在白板的最右边。然后将黑板从左到右分成几个部分，每部分对应一个区域。

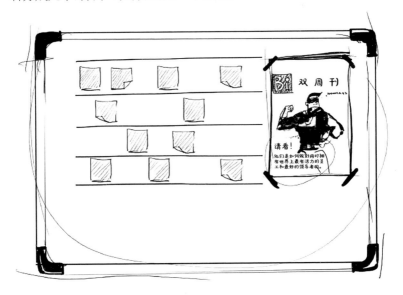

依次梳理每个类别中需要增加或改变的内容，着重挑战今天组织中已经存在的每一种观点。使用与建立"紧迫感"时相同的 SWOT 分析工具。你们会找到之前识别出的欠缺什么、弱项在哪里、威胁是什么等充分的信息。

现在，这个小组将开始形成新的、数字化的自我形象。选择合适的层次，记住：你们不是在创建一个完整的实施计划，而是在创建一个愿景。因此，请选择一个良好的认知水平。下面有几个问题和一个模板，可以用来促进你们的工作结构。

- 与顾客在未来将如何融合？
- 需要如何与供应商／合作伙伴合作？
- 哪些内部流程将经历最彻底的改变？
- 需要增加哪些系统和平台，为什么？
- 未来的商业模式是怎样的，通过增加数字视角，你们以何种方式使自己与众不同？

以下是一个范例：

操作流程和系统	数字	模拟
面向所有员工的新型移动式 CRM 系统，拥有综合反馈和围绕每个客户的 360 度视图。	X	
新的组织为每一位顾客配备了顾客成功经理（CSM-Customer Success Managers），他们从与顾客签署协议的那天起就负责顾客满意度，每天关注服务质量、顾客忠诚度以及额外的销售。	X	X
客户关系和互动		
市场营销过程应做到 100% 数字化，通过新的网络服务来寻找潜在客户，创造机会并最终赢得交易。	X	
通过更有效的系统和新的日常工作程序，我们可以节省出时间用于联系和拜访客户。		X
商业模式		
向市场提供升级的服务，我们与分销商在一个新的生态系统中联手，基于顾客的忠诚度公平分配利润。	X	X
采用物联网的新模式——在我们的大众市场产品中使用传感器，并采用基于使用的订阅模式。	X	
文化		
开辟一个分享优秀案例的平台。	X	
将激励计划改为数字体验，并将其纳入一个新的答谢电话体系。	X	X

如果你们想更进一步，也可以选择增加时间这一维度。沿着黑板上的线，从杂志头版页面向左手边后退，放上不同的年份。在时间框架内试着变动不同行动举措的位置，认真进行反思和调整，直到你们心目中对自己需要发展的速度有一幅清晰的画面。

第3步：编撰愿景

现在是编撰愿景的时候了。你们可以使用下面的模板：

a．描述性文本，表达你们要到达之处和理由。你们所选择的愿景的视角，其背后的动机是什么（社会、顾客、公司、雇员、业主等）。

b．在文本中添加一幅未来的迷人图景，以杂志头版的形式或比喻的方式来勾勒你们的成功，同时指出相对于未来的目标，你们现在所处的位置。

c．描述你们将如何在商业模式、外部客户关系和互动、内部流程和系统以及文化方面进行改革，以此作为走向未来旅程的一部分。请随意使用时间轴和变革旅程的视觉图像以增强读者的理解和安全感。

现在是时候让下一个流程的人们参与进来了，在例子中，对你选择参与未来战略工作的人们——我们称之为你的变革大使。所有这些人都是基于他们的正式或非正式的领导力、能力、真诚的意愿和正能量而被选拔的。他们将为你们的工作做出巨大贡献，因此，你可以对他们说，你需要他们携手共同扩大对外影响——在任何地方，去影响每个人。

第4步：为推销愿景制订计划

现在，你们要结束前面步骤的工作，转而关注如何以更有吸引力和更具品位的方式描述整个愿景。你们需要像讲故事的人、作家或电影导演一样思考，聚焦思考使用何种形式来展示你们的愿景——动画视频、印刷文件、鼓舞人心的演讲，甚至是观众可以互动并参与其中的访谈？我们称这一时刻为"记住未来"（Remember the future），这是令人兴奋且引人注目的方式，可以让与会的每一个人都铭记于心。事实上，这往往意味着在会议结束后很长的一段时间内，与会者仍然沉浸在你们描绘的愿景及未来当中。请记住：没有人一次就能成为讲故事的专家，所以尽可以放心聘用有经验的顾问进行指导，或者在实际演讲之前进行长时间的练习。

那么，让我们来看看你们推销愿景的场面可能是怎样的一番景象：

a. 你和首席执行官（假定你自己不是首席执行官——如果真是这样的话，你需要有别人来采访你）坐在观众面前。身后是一块白板，或者是一面墙，报道你们的杂志头版被钉在右侧。首先，你告诉大家你们即将走上什么样的变革旅程，并把时间轴移到 20XX 年（即你们为愿景选定的年份）。

b. 然后，你向首席执行官提出开放式的教练问题，例如："公司今天登上了《华尔街日报》的头版报道。究竟发生了什么事，为什么他们会用如此惊叹的措辞来描述你们？"这个环节你可以自由添加其他的问题，答案会给出你们在制定愿景时所选择的不同的视角（社会、客户、公司、员工、业主等）真正意味着什么。

c. 让对方进行描述，就像你们已经达成制定的愿景一样，并继续问一些能激发情绪的问题，例如"你感觉如何？"或"你现在体会到什么样的情绪？"这样做的目的是通过诚心诚意的描述让房间里的每个人都能感同身受。

d. 接下来继续问："你们做了什么才到达了这里？"

e. 现在，是时候询问具体的细节了，为你们觉得需要改变的不同领域设定时间框架。如果我们把录像带倒回过去，你们跨越了哪些重要的里程碑？

f. 最后，围绕你们所面临的未预料到的问题，增加现实感和客观性。不要重复，而是让对方思考并给出他 / 她自己发自内心的看法。你们遇到了哪些未曾预料到的问题？在过程中最艰难的部分是什么？

g. 最后，你现在要给观众一个互动和提问的机会。观众可能会处于思维的地平线上，你会从他们提出的问题中注意到这一点。记住：你们的角色扮演做得越到位，观众就越会觉得身临其境，全然投入未来的愿景之中。

当愿景在组织中得到传播时，记录下这一刻并在以后的过程中加以利用，这不失为一个好主意。现在身边已经有了变革大使，是时候推进下一步，并形成你们的数字化战略了。

第20章

数字化战略

战略的本质是选择不做什么。

——迈克尔·波特（MICHAEL PORTER）

爸爸，我怎样才能实现梦想？

你为什么这么问，孩子？

因为我有一个梦想，而且我想实现这个梦想。

这很好，我回答说。这条路可能很长，也可能很短。如果很短，你将需要所谓的战术帮助你赢得今天的比赛，或在明天的考试中取得胜利。但如果道路漫长，你需要一个战略，一个你能坚持的战略，能帮助你一路走下去。你可以在每场比赛中改变战术，但战略应该做得非常好，能一直支撑你的梦想。

爸爸，那我就知道我的战略是什么了。我将以超乎常人的努力训练，并比其他人赢得更多的比赛。然后我就有机会进入奥运会了。

随着数字化愿景的明晰，你们需要明确通往那里的路径。战略将是数字化转型的核心。正是在此基础上，决策才得以制定，组织得以重塑，领导得以改变，一个新的数字时代才得以精心打造。在这一环节，你必须将变革大使们包容进来，这需要沟通、对话和投入来创造吸引力和责任感。从参与的角度来看，最好的做法是管理层与变革大使们合作。如何做到这一点，实际上取决于所在组织的特点。一家公司可能将此作为最初战略会议的一部分，由工作小组在会议之前、期间和之后接受任务。另一家公司可能把它变成一个长期的过程，在几个月内的若干天里举办多次研讨会。

一般来说，数字化转型的战略基于三个不同的角度：

- 结构，体现为提升的数字能力，采用新的职责、合作形式与激励模式的升级版组织，以这样的形式嵌入运营的结构框架。
- 文化，以改变行为、态度和观点的形式贯穿于整个组织，从最高管理层一直到最基层。
- 领导力，以领导数字化转型所需的形式引导人们相互引领、走向自我学习、自我领导、自我修正。数字化战略涉及组织中需要改变的每一个领域，如市场、销售、交付、售后市场、能力创造和维护、财务等。从你们想要激励的行为的角度来看待每一个变革流程是明智之举，例如，顾客导向、沟通、合作、数字使用、创新和创造力、变革的意愿等。

第 1 步：确定当前情况

从确定当前的状态开始。可以回到曾经回答过的问题以及在紧迫感部分做过的 SWOT 分析，在此基础上进行发展。

第 2 步：锁定愿景并将其分解为目标

不要掉入常见的技术陷阱直接列出一堆 IT 项目，而是要根据所需要的变革制定战略。声明要实现的不同效果，将实施哪些技术辅助手段使之成为可能，并为每个流程添加 SMART（具体的、可衡量的、可接受的、现实的、决定时间的）目标。通过下面两个正误对比的例子，你可以对符合 SMART 原则的目标一目了然。

- 我们将为整个组织实施一个社交合作平台（企业 2.0），上线日期不晚于 20×× 年 5 月 15 日。
- 为了增加我们的沟通、知识传播和跨界合作，我们将：a. 在组织内部，85% 的员工已经发布或添加了印象／评论；b. 50% 的员工每周发布帖子；c. 不晚于 20×× 年 5 月 15 日组织上下实现 100% 通过新平台（企业 2.0）移动访问信息。

第 3 步：鱼骨式推进

到这一步，我们需要在两个层面上推进工作，一个是整体层面，一个是细节层面。因为每一个变革流程都必须突出重点，然而也决不能忽视大局。

从全局开始，把愿景的画面放在白板上或一张纸的最右边，并围绕愿景宣告目标。这将是"鱼头"的部分——即你们需要去到的地方。

现在，你们将根据结构、文化和领导力这 3 个维度来制定战略。

- 以愿景和目标为起点向左画一条很像鱼脊柱的线。
- 从脊柱开始填入鱼骨。从脊柱斜着向下画线。现在脊柱下面象征着表面之下的东西——沉默的价值，即文化。
- 接下来，从脊柱向后和向上画线，表示结构性特征的流程。

结构和文化

为了达到确立的目标以及在某个特定日期之前应该实现的变革，

哪些领域的变化是必要的？添加上这些内容，然后再参考结构或文化的维度。现在，你会得到一个项目清单，但并不会被当作经典项目来管理，其本身应该是敏捷的，所以现在不需要大而周详的项目计划。

领导力

领导力成为整体变革的支柱。现今领导力在促成数字化转型成功方面还欠缺什么？是数字能力、变革管理、参与还是变革的意愿？现在是时候确定什么需要改变以及所追求的是什么样的成效——在领导力方面也是如此。接下来，你们将获得一些具体的信息，了解在不同的步骤中需要什么样的领导力，一般来说是基于数字化的领导力。

第4步：聚类分析找到关联

按流程或操作的一部分绘制变革的领域，写明期望的行为变化。

业务领域/向往的行为	顾客激情	沟通	协作	日常使用	分享知识	创新	拥抱变化	MISC
市场营销	CRM			CRM				
销售	CRM	CRM	CRM	CRM				
供应	网店							
售后	网店							
人力资源	社群			在线学习				
财务								FIN 20/20
公司		Yammer	Yammer	Yammer				

聚类是简化过程的一个很好的方法，并且使其中的关联清晰可见。如果你想给整体视图添加另一个维度，可以为不同的流程使用不同的颜色。为什么？因为以后你可以用它将组织中发生的事情可视化，帮助你让别人看到你已经看到的东西，理解你已经理解的东西。

如果你们想通过行为的角度来推动改变的意愿，也应该有与之匹配的举措和变革的领域。通过聚类分析才能更容易看到漏洞，也才有可能对整体战略提出质疑。

第5步：前进路上的障碍

这一步将是关于实际可能发生什么错误的重要反思——在文化上和结构上，哪里以及什么类型的阻力会出现，是否有任何法律会影响这一过程，或者有外部利益相关者会阻碍发展？列出一个障碍清单，并将这些障碍与它们所影响的变革领域联系起来。

第6步：备用路线

假设一个障碍物确实挡住了道路，那么在它周围有什么替代路线？如果你不能说服一个团体加入你一起努力，能否通过另一个团体，让他们影响其他团体？你可以用什么方式避开障碍，绕过它们或大步跨越它们？

第7步：目前的关键资源

现在说说战略中最重要的部分：即什么会使目标得以实现？你们有哪些资源，哪些是真正的关键资源？工作时间、预算资本、技术解决方案以及其他传统资源等与对数字成功真正重要的关键资源之间还是有差异的。

在分析资源时，应该戴上数字的眼镜——明白你们正在迈向一个彻底改变的世界，旧资源的价值已经下降。伟大的传统管理者可能是糟糕的数字领导者。

你们今天拥有的财务力量可能不足以改造企业。今天最重要的客户和现金流明天可能就不在了。今天最年轻的、最新的同事可能会成为最重要的人。

你们可以将关键资源分为以下4组：

人

人是我们拥有最重要的资源之一，因为人才是真正实现转型的力量。通过综合评估其能力和意愿，确定在每个人或团队中这是否是一种关键能力。稍后，你们将得到一个额外的图示，即在整个进程中将需要什么类型的员工。这同样适用于领导者，包括正式的以及非正式的领导者。但在这里，还需要加上周边的生态系统和网络。想一想你目前所拥有的资源以及在哪里可以成为你数字化成功的关键，无论是以其现状还是成熟的形式。如何将升级后的生态系统与供应商、顾客、顾客的顾客联结起来？谁是实现这一目标的关键人物？

无形资产

在无形资产这一组，你会发现组织文化、品牌、现有的协议、权利、专利以及其他东西，其中许多都是抽象的，因此可能很难为其估值。

信息和数据

由于数字革命，这一组资产的价值已经出现了增长。苹果、脸书、亚马逊和阿里巴巴收集的是数据，呈现出个人和客户的立体形象的信息，还包括关于产品、国家、沟通、互动以及对不同现象的态度等信息。

　　大多数公司还没有开始利用收集到的数据，甚至很少有公司在围绕他们想要收集什么、从哪里收集以及为了什么目的而收集确立战略。在这里，我们发现了所有三方面的隐藏潜力：内部流程与系统，顾客关系与互动，以及商业模式。

　　通过透明度，可以在组织中形成新的文化行为并产生横向的自我管理。通过数字手段倾听组织的声音，可以抓住不确定性、问题以及人们的恐惧，能更早、更有效地管理潜在的变革阻力。通过收集并给顾客提供某些数据，可以提高顾客的忠诚度，让他们想购买更多，同时也可以了解什么有效，什么无效。正如耐克通过 Nike+ 对传统模拟产品添加数字附加组件做到了这一点。

　　几年前，当雀巢公司的 Nespresso 瓶盖的专利到期时，竞争对手迅速开始通过数字渠道销售自己的替代品，这些产品很容易传播、售卖和分销。然而，雀巢公司开始专注于创新并发布了在新专利下推出的新版本的咖啡机和小红帽咖啡胶囊，还在实体店和数字化方面设法提升了其品牌及体验质量，他们通过将独特的实体店体验与数字交易和互动结合起来，后者还采纳了备受欢迎的社区形式。关键资源的组合成为成功的秘诀。商店成了一个旗舰店，在那里，客户体验是核心——顾客在那里体验到新鲜感并有询问专家的机会，还能在美好的环境中品尝咖啡。在商店里，服务人员与顾客面对面，为他们带来热情友好的体验。顾客关系以及收集到的数据，成为开发魅力数字体验及品牌提升中的硬通货。所有这些都帮助雀巢公司推动了新的互动形式——一切都是为了争取顾客的品牌忠诚度。总之，每个创新都是由人推动的，人应该被视为关键资源，因为是人使可持续发展成为可能。

实体资源

　　这可能是最容易列出清单的资源类型，因为它通常是看得见摸得着的东西，包括 IT 环境、产品、制造单位、仓库、分销线、办公室、零售店等。如果我们看看银行及其新战略，举例来说，他们对办公空间的应用不同以往。某些银行减少了实际办公空间，或者干脆关闭了这部分空间，同时将更多的流量转移到数字渠道。人与人之间的互动、以专门知识和咨询的形式仍然存在，从而帮助与顾客建立信任。与此同时，我们看到没有现有零售业成本结构的数字参与者，通过数字渠道也在建立信任和品牌，同时通过电话提供咨询建议。

无论如何，对每个市场参与者来说，办公室或商店这些概念在未来都有着不同的意义，可能在未来 5～15 年内会发生彻底的变化。当我们展望未来的发展方向，会惊讶于仍然有大型实体商场在大张旗鼓地开业。既然趋势指向完全不同的方向，即数字交易和送货上门，为什么还要进行如此大的投资？对此众说纷纭，但我们可以肯定的一点是：在你把它作为数字领域成功的关键之前，要对每一种非数字形式的实体资源提出质疑。

未来仍将大量需要的有形资源是资本。数字化转型需要大量的投资，这其中有两个有趣的点：一个是减少对资本的需求，而另一个是增加对资本的需求。

- 越来越多的软件平台通过云端提供，采用基于订阅的商业模式，这减少了大量投资的需要。我们现在可以建立一个又一个的平台，一步又一步走向仅为我们所使用的那部分服务而付费的方式。
- 同时，越来越多的资源可以通过不同形式的服务获得。无论是要开发应用程序，创建一个新的图形配置文件，或是由专业文案为我们撰稿，都可以在网上找到相应的服务。通过 Fiverr（https://www.fiverr.com）等服务可以一键联系他们，还可以查看别人是如何评价这些服务的，或者尝试自己建立联系，努力实现更深入的合作——无论供应商是位于巴西、印度尼西亚还是美国。

- 数字化将推动对数字服务极大的需求。在数字战略、整合和开发方面最有能力的供应商将看到大量的需求，服务价格也随之上涨。与必要的人（关键资源）结成联盟，以振奋人心的变革旅程吸引他们并建立起关系，这样做变得越来越重要。我们可以称之为 VRM（供应商关系管理）或简单的人际关系，即双方都感到相互吸引并喜欢一起工作。

最后，让我们举个正面临重大挑战的 IT 行业的例子。对一般的 IT 公司来说，特别是以前主要承接大型重量级 IT 项目的传统咨询机构，向基于云的新商业模式转变成为它们最大的挑战之一。随着云计算成为新常态，新的商业模式将取代旧的模式。ERP 供应商，之前一直以 5 万美元的价格销售许可证，然后在此基础上加 10 万美元的咨询服务费。但现在，它必须从大额的一次性收费转变为未来的按月分摊收费模式，也许是以每月 5000 美元的订阅费形式收费。此外，新模式的风险将更多地转移到供应商身上，这是基于云服务的自然结果，顾客有权在任何时候结束 / 或改变订阅服务，因此带来的挑战就更大了。这需要彻底的改变、更愿意接受风险以及必要的资本保证转型，才能确保从旧的 IT 供应商转变为现代的基于云的供应商。

第 8 步：那么，我们现在应该怎么做？

现在到了进行总结并将战略形成文件的环节，尽量使用图解的形式来吸引视觉导向的人，并通过文本、关键绩效指标（KPI）和数字，让需要这些元素提供安全感的人被全新的未来吸引。现在是采取下一步的时候了，我们已经确定了最终数字战略，接下来进入下一个阶段，使之真正得以实现。

第 21 章

好故事与好修辞的价值

能够把人们带到另一个境界的，故事总会占有一席之地。

—— J. K. 罗琳（J.K. ROWLING）

一个人走进一家艺术博物馆，看见有一面墙上挂着两幅看似相同的画，两幅画都很出色。他看着这两幅画，似乎找不到它们有什么独特之处；它们看起来完全一样，没有任何特征能让人区分开来。

当一个警卫走过时，这个人抑制不住自己的好奇心问道："为什么这位艺术家画了两幅相同的画？"警卫看着他回答说："第一幅画是由一位荷兰的大师在 17 世纪画的。另一幅是复制品，是今年早些时候一个年轻的艺术生画的。"

如果让你选择其中一幅画带回家，你会选择哪一幅？原作和复制品是一个有趣的现象，解释了很多关于人类心灵的问题。我们很

容易认为形式、颜色、主题和熟练的工艺给我们带来了乐趣，但实际上，一旦发现我们正在欣赏的是一幅复制品就往往会贬低它的价值。在有能力买到原作的那一刻，我们往往就会这样做。这既是为了原作的价值，也是为了拥有并非人人都能拥有的东西所带来的自豪感。

约书亚·格伦（Joshua Glenn）和罗布·沃克（Rob Walker）做了一个实验来证明这一假设："故事是情感价值背后的强大驱动力，对任何特定对象主观价值的影响可以用客观条件来衡量。"这一点在他们合著的《重要的物品》一书中有所描述。格伦和沃克去二手商店买了很多每件一美元的便宜货，然后他们雇用了一些作家，让他们为每件物品想出一个故事，目的是产生一个主观价值。最后他们在易趣网上晒出了每件物品并加上编造的故事，要价与物品原价相同。最终的结果是，他们最初投资的 128.74 美元居然增长到 3612.51 美元之多。

由于不同的信息在组织中传播的速度不同，因此在能力范围内，由自己撰写并导演有关变革的故事变得很重要。为了打造一种价值以及围绕数字化的吸引力，需要一个经过深思熟虑的故事（不要把这故事当成编造的，它更像是对数字化挑战、目标和达成目标的道路的基本描述）以及一个讲故事的高手。这既涉及书面文字，也涉及在口头上表达信息时采用的修辞方法。

亚里士多德曾经做过一个平淡无奇的评价：每一段历史都有一个开始、一个中间和一个结束。作家约翰·加德纳更进一步指出，每个故事都有着相同的结构：一个人物想做到什么，遇到某种阻力，要么成功，要么失败。我们可以在大多数故事中找到这些元素：一个起点，一个期望的结果，以及为达到目标付出的努力。

每一种形式的报告、讲座或演讲，都带有某种推销的意味，而且千篇一律包括 3 个部分。第 1 部分是关于"我们"的故事：我们怎样来到这里，为什么在这里，以及到目前为止我们做了什么。第 2

部分解释我们现在处在何处，也许还会表达我们的资源（无论是资本、市场、客户，还是能力）正在消失。请注意这与数字化之间的相似性：一切可以数字化的东西都会被数字化，一切数字化的东西都可以被复制，一切被复制的东西都会失去价值。在第 3 部分，通常会预测未来——我们将去往何处以及我们需要参与者以何种方式到达那里。这一切宛如在一部激动人心的冒险电影中，我们需要吸引观众与我们一起感受，并希望成为那个完成使命后骑马奔向夕阳的英雄。

道德、理性和情感

亚里士多德描述了说服他人的 3 种方法：道德（ethos）、理性（logos）和情感（pathos）。在向大家介绍传达变革信息时，这些方法可以成为指导性的原则。根据你们最初的价值（从听众的角度来看）以及他们对你们的信任程度，你们表达的结构可以不同，也应该有所不同，因为你们可以用理性和情感来建立信任。用逻辑论证建立信任并融入发自内心的情感部分，这是制胜的策略。

道德是通过人的表现建立的，通过以某种行事方式，显示人的能力、诚实及一致性。不过，信任也很容易被破坏，最简单的就是通过撒谎被发现。背叛或谎言往往会让人在脑海中产生深刻的感觉，而且一旦出现就很难忘记。由于信任是高效领导的基础，所以对领导者而言，这是最重要的第一步。确保你拥有一群信任你的忠实追随者，并以此来建立与其他人的信任。有无数的伟大领导者，他们通过诚实、公开和透明的方法建立了伟大的道德人品。然而，也有许多相反的例子，领导人谈论价值观，却没有以身作则。需要记住：数字化转型就像想要攀登珠穆朗玛峰一样，这样的使命只有在一个健康的组织中才能完成，在这里，员工必须完全信任他们的领导。有许多公司使用外部顾问，即某些明确领域的专家以增加信任，这应当是明智之举，因为即使领导者的信任度普遍很高，公司也可能需要一个外部视角。与最优秀的人结盟一直是许多领导者的成功策略，无论这是否意味着国家队雇用最好的教练、公司改变他们的文化或开始他们的数字化转型。如果要攀登珠穆朗玛峰，就可能更愿意让阿帕·夏尔巴（Apa Sherpa）做向导。显然，他登顶的经验不比任何人差。

通过在演讲中用深思熟虑的论据并以可理解的形式呈现从而将理性建立起来。当我们做报告时往往会用红线做标记，这使我们始终坚持目标，同时给观众带来更简单、更可预测的过程，他们可以看到我们去过何处，现在在何方，以及我们要去向哪里。因此，我们一步一步构建起我们的论点，在表达的声音、语调和图像的使用上保持激动人心的变化。提出两到三个理性论点，然后发散一段时间，在揭示结果之前给观众时间让自己意识到第四个论点。这样就形成了一种互动，观众认为他们可以影响事态的发展。此外，理性也可以表现为给出一些不同的情境，你可以使用合理的论证并从中选择最佳的一个。这会让你产生一种经历过各种选择的感觉，即使这些选择可能会受到质疑，也能帮助你获得观众的支持。这与你提出建议时获得的信任程度有关，如果你被完全信任，听众就会听你的；否则，你将不得不更加努力证明你的论点以赢得这种信任。

情感是一种有效的影响方式，通过让人们在情感上投入你传达的信息，从而创造更多的追随者。让他人产生某种情感的能力是我们都可以学习的。这与如何使用语气、面部表情、肢体语言和眼神有关，从而在观众中创造出所需的情感。许多人都会记得学校里的某一位老师，尽管他是学科权威，甚至可能大名鼎鼎，但似乎无法使讲课内容吸引人。这是很常见的现象，尤其是当这个人没有修辞技巧，在讲课中只是发表无聊的独白，除了让人感到疲惫和希望逃离教室外，没有带来任何其他的感觉。而在另一边，我们看到一些修辞大师，如马丁·路德·金博士（Dr. Martin Luther King），他在 1963 年 8 月 28 日的演讲中，有这样一段不朽的话："我梦想有一天，我的四个孩子将在一个不是以他们的肤色，而是以他们的品格优劣来评价他们的国度里生活……"

如上所述，通过成功地呈现你们的信息，数字化转型将变得比原来简单得多。尽早营造一种有效的"紧迫感"非常重要，这在介绍数字化愿景和战略时非常关键。当涉及实际的转型时，由道德、理性和情感组合而成的良好修辞将是吸引和激励人们的宝贵资产。当涉及使转型被接受并演进发展时，如何妥善培训你们的组织、领导和变革大使，使他们都能成为修辞大师，都能传达变革的信息，这些可能会使你们不同凡响。

使之发生

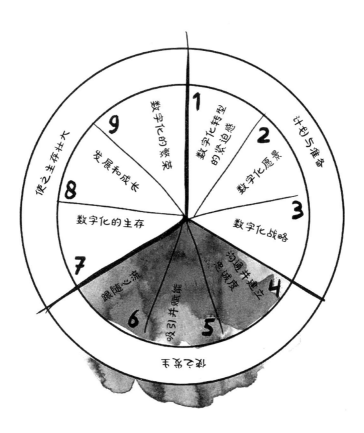

第22章

沟通并建立忠诚度

只要你们找到了对的人与你们同行，那么如何激励和管理人的问题基本上就不存在了。对的人不需要严格管理，也不需要动员激发；他们会被产生最佳结果和参与创造伟大事业的内在动力所激励。

——吉姆·柯林斯（JIM COLLINS）

当管理团队向领导者及选中的变革大使宣讲战略时，这些听众都必须带着对目标的责任感和忠诚感参与其中。在这里，我们可以使用一个"信息／责任阶梯"加以说明。在阶梯的底部，可以找到第一个阶梯——信息。

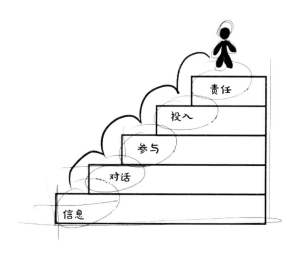

某些业余人士认为，仅凭一封电子邮件或公司内部网的更新，组织上下就会团结一心。比如，所谓的"邮件抄送陷阱"就是一个

很好的例子，当你被抄送了一封邮件，就意味着你不仅被告知了，还应当是暗中参与了，甚至是共同对此负责了。

要想赢得所需要的忠诚度，你们就必须一路走到阶梯的顶部。其中首先要进行对话，在对话中人们可以提出问题、表达意见。然后是参与，即人们有机会通过提问和表达建设性的建议来影响这个问题。这关乎建立规则然后给予空间，以便创造一个有效的发展途径。规则说明了参与者没有办法影响的要素，比如数字化的愿景，高层的战略。而战术、变革内容和解决方案可能是大有可为的领域。请不要误解这种结构，这不是指完全的民主，但也不是指无政府状态。参与导致了下一步——投入，这一步可以让人们心头的火燃烧起来，建立起责任感和忠诚度。

再回到珠穆朗玛峰的比喻，在这里，远征更多意味的是分担重担而不是分享头衔，是说服每个人对团队到达顶峰感到负有责任。在这里，变革大使团队和领导者都应成为重要的基石，需要将信息转化为对话，然后是引导众人的参与，而参与又会转化为投入，这反过来又会建立忠诚和责任。当火已被点燃，下一步就是保持它的活力，为进一步加强投入度添加足够的燃料，达到我们所说的"投入、确定、赋能"的水平。

麦肯锡曾做过一次有关"如何战胜转型困难"的调查，对变革项目的成功因素进行了仔细的探究。当高级管理层在整个组织内公开沟通转型项目的进展和成功时，公司转型成功的可能性达到基准值的 8 倍。在涉及整个集团的大型变革项目中，不出所料存在着一个更大的差异——当高级管理层持续沟通变革进展的时候，公司取得成功的可能性达到基准值的 12.4 倍。

考虑到这一点，我们可以得出结论：沟通是至关重要的，一个精心策划的变革也需要一个精心准备的沟通计划。请务必牢记这一点并制定透明公开的计划。无论你们如何进行沟通，总会有对此不理解的人、不想理解的人，以及那些由于无知、担心或恐惧而抵制变革的人。

我们称之为阻力因素，他们对转型构成了严重的威胁。

从本质上讲，人类对未知的事物总是趋于谨慎。人类的生存机制让我们往往选择已知的东西，选择我们知道不会干掉我们的东西。这就是舒适区的由来，在我们已知的东西和没有经历过的东西之间有一道保护墙。

瑞典心理学家克拉斯·詹森（Claes Jansen）在他的模型"变革的四个房间"中描述了人们面对变革时会发生的情况。

这4个房间由2个要素组成，其中第一个是人们拥有的心理房间以及如何在这些房间中间移动。该模型描述了"满足"的基本状态，在这种状态下，一切都像过去一样保持原样，我们不觉得需要改变。举3个简单的例子，例如工作很好、婚姻很稳定、我很健康。

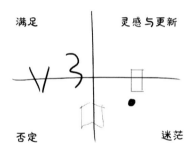

詹森的理论描述了两种走出满足的方式，一种情况是慢慢进入第二个房间——"否认"。从满足到否认可以慢慢发生，例如，当婚姻中的两个人慢慢疏远，这种变化就类似于走过一个温和的滑动门。另一种情况则更为突然，詹森将其称为陷阱门，在那里我们突然掉进了"否认"的房间。你可以通过以下的内容来把握两种情况之间的区别。

报纸业在若干年内逐渐被网络媒体夺去了市场份额，这种蚕食在最后变得极为严重，但这种变化与几乎在一夜之间发生的雷曼兄弟公司倒闭的例子相比温和得多。这就是滑动门与陷阱门的区别。

对那些失去工作的人，对每个从医生那里得到慢性疾病诊断的人或者对那些伴侣要求离婚的人，他们的反应很可能是一样的："不，这不是真的！"这句话概括了"否认"的含义。因此，我们可以得出结论，这个人或多或少处于否认的状态。

对那些明显不应该在一起的人，比如在不良的家庭关系中的人，或者在一个不断有摩擦的组织中的人，观察者往往很清楚人们处于一种否认的状态。尽管发生了种种不愉快，"但他内心深处是善良的"或者"下周可能情况会好一些"，这些都是典型的合理化解释，也证明这些人在潜意识中为维持他们的满足感而斗争，尽力维持曾经的幻觉。

虽然这些例子是无意识否认的迹象，但我们每隔一段时间都会进入有意识的否认状态，尤其是当我们有太多事情要做时。把事情束之高阁或推迟决定等行为是我们选择"否认"的表现。就像防御机制不需要处理未知的事情或需要大费周折的事情一样。

无论我们身在何处，都会遭遇"不能""不会"和"不起作用"。我们可能需要一些帮助才能进入下一个房间——"迷茫"。客观地说，这样的帮助可能来自那些能从外部观察你的状况的人。这个人可以是一位以清晰的方式解释当下情况的领导，这样你就可以慢慢地开始理解；可以是一位断定你生病了的医生；也可以是一位同情你的朋友，坐下来倾听，温柔地引导你的想法。

当人们处于"迷茫"房间里，其症状是你不知道如何处理正在发生的事情，或者你的新状态到底意味着什么。

一段时间后，转折点出现了，当我们放弃现有的满足感，将视线引向前方。如果你很难理解这一点，让我们以错过公交车为例来说明一下。在最初的反应"我不敢相信"之后，你意识到这其实是真的，这时你不确定该怎么做。你待在"迷茫"的房间里。过了一会儿，你开始积极寻找替代方案，也许是下一辆公交车或出租车。

这是一个转折点，以前的满足感只是一段回忆。

带着勇气和慎重的决定，你进入最后一个房间——"灵感和更新"。你得到新的灵感，从事着全新的工作，或积极处理出现问题的家庭关系，寻找新的爱情。你在各个房间之间移动的速度由于情况和改变的特点而有所不同。在公交车的例子中，移动是迅速的，而在数字化的情况下，可能需要更长的时间。那些比较容易管理变革的人很快就会进入"迷茫"的房间，在那里他们会遇到一些问题，如"我为什么要这样做？""变革将如何运作？"或"数字化对我意味着什么？"这并无害处，来自迷茫房间的人的阻力更容易被管理。这种表达方式可以被概括为"我不明白"。

那些陷于自我怀疑或否认的人会发展出另一种形式的问题。这些问题往往基于担心或恐惧，并由此涌现出另一个层次的阻力。"我的工作会继续吗？""我的任务还和以前一样吗？""我不是数字原住民，怎么能用数字方式学习？"这种表达可以概括为"我不喜欢"。

变革四个房间中的第二个要素是对个人的划分，是基于"说不 / 说是"问题心理测试的假想人物。根据詹森的研究，人们被划分为两个主要的回答类型（说不 / 说是），在每个房间里我们会发现，这两个极端在变革的时候会相互冲突。

- 一方面，我们有处于"满足"状态的人，他们经常也在"否认"的状态，詹森认为他们属于"说不"的人。
- 另一方面，我们有寻找者，他们寻找"灵感和更新"，最后往往处于"迷茫"的状态。这些人属于"说是"的人。

通过使用"变革的四个房间"的观点，我们可以从根本上增加对彼此的理解。当涉及数字化转型时，使用詹森的模型非常可行。一部分是由于这一模型通俗易懂，但同时也是由于它有助于我们识别"满足"状态的极端特征。

我们不希望在变革大使团队中或在我们的领导层中出现"说不"的人。我们要的是那些喜欢变化、敢于挑战自我的人。如果我们使用数字反馈系统持续检查组织的"温度",就可以了解到人们不同的状态。那么,我们可以继续用适合他们个性和思想状态的方法帮助他们进步。

如何管理好阻力?

每一种形式的变革都会遇到阻力。阻力是反对变革的一种自然的力量。你越用力,阻力就会越用力反击。

以武力对抗武力时,通常是强者获胜。还有一种情况是,如果你用武力征服了对手,失败者可能会得到别人的同情,然后抵抗会变得更加强烈。俗话说"暴力招致更多的暴力",事实上确实如此。相反,你们应该考虑一些不同类型的武术,如柔术、合气道或柔道,通过巧妙利用对手的力,将他们引向对自己有利的方向。

通过利用对手的力量并将其转向有利于你的方向可以让你更容易获得成功,但首先你必须了解阻力以及它的来源。里克·莫瑞儿(Rick Maurer)在他的《遇墙皆是门——超越变革的阻力》一书中定义了阻力的三个层次。

第 1 级:我不明白

这是最简单的抵抗形式,来自对所发生的事情的不理解。原因可能是对方处于"否认"状态,不理解你为什么要做正在做的事情,也可能是因为对方只是感到困惑。

为了管理这种形式的阻力,你必须从对方的角度来看问题。这个人目前处于什么状态?在哪个变革的房间里?他到底不明白什么?

通过减慢推进节奏和开放式的对话,你可以让对方明白发生了什么。通过简化和澄清问题并宣贯变革的信息，通常可以踏上走向成功的道路。如果有人不顾你做所的这些努力，仍然不理解或不想理解，那么，他们可能处于深层的"否认"状态，头脑中的防御机制在做出思考并阻止未知的东西接近。

第2级：我不喜欢它

这一级是对未知事物更深层次的担忧。对失去某些东西的恐惧是抵抗背后的原因。如果一个人拥有包括地位、社会交往和协作在内的一连串动机，阻力就会变得更加强大。在这一级，你可以预料到抵制是有人由于害怕因为数字化而失去工作的结果。关注变革过程的第一步变得很重要，要以此澄清并宣传这段变革旅程背后的目的。第2级的阻力必须通过逻辑论证和改变修辞的方式来应对，而不是仅仅提高你说话的音量。在倾听对方时，你要有同理心，但决不能让步。记住：你要在管理人们不同的担忧方面从始至终建立一个安全的限度。

第3级：我不喜欢你

这种程度的阻力很难管理，因为它是在根本上对管理层和数字化背后的动机缺乏信任。对此你必须保持坚强，对坦诚的力量抱有信心。必须认识到你们的目标、动机和愿景越早透明公开，就能越快让阻力暴露出来并对此采取相应的行动。

同时，内在的坦诚使你不至于太过陷入第3级阻力，即使行为的后果可能并不总是被人理解。你越是坚定地建立紧迫感，清楚地意识到人们可能最终会"否认"，就越容易推动进程。这不是在制造恐惧，而是在组织中建立一种健康的意识，让每个人都认识到如果不迅速采取行动进行数字化变革的后果。在这里至关重要的是思考应当如何宣讲有关变革的信息，团结变革大使并推动转型。

用开放式的问题和积极的倾听进行对话

提出开放性的问题：首先是理解，然后是被理解。要接受有些人不信任你这个事实总是很难，这里的风险在于你把它视为是针对你个人的。你专注于对话，就有责任积极倾听并理解人们的反应。还要留意你如何管理收到的反馈，并反思人们对你给出反馈的反应。关于这方面有一个模型，叫作反馈阶梯。

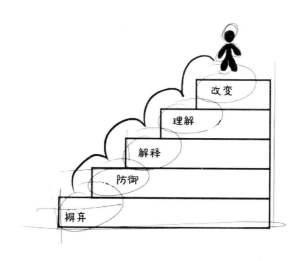

第1级是摒弃反馈，如："那是不对的"，这是典型的否认行为。

在第2级，你将面临防御，如："这不是我的错"或"我只是在做我的工作"，这表明对方仍然在否认，他们的感知力被希望辩解的想法所蒙蔽。

在第3级，感知力开始增加，但对方仍在试图解释因果关系，其论点是："当然，这是在……时候发生的。"

只有到了第4级，对方才开始理解你，这表现在："你确实有道理……"或"哦，我明白你的意思了……"。

在第5级，所有的反馈开始推动变革。

给予反馈和接受反馈是一门艺术，如果组织成员在这方面并不擅长，将对你作为领导者提出更高的要求。最重要的是，选择改变还是原地不动是建立在客观和经验的基础上的——你明白你的行为会产生长期的后果。

以下是帮助你为接下来的进程做好准备的一些问题。

1. 在变革中，你能多好地利用"信息／责任阶梯"？

2. 当涉及数字化时，你的组织现在处于四个变革房间中的哪一个？

3. 你通常在哪一级会面临阻力？

4. 通过使用反馈阶梯，反思你和同事是如何应对反馈的。

第 23 章

吸引并赋能

一位老人坐在一个寒冷的小屋中，对着壁炉说："给我火，我就给你燃料。"然后他等待着。

老人和火的寓言与我们想解释的东西恰恰相反。这个老人感到很冷，在绝望中开始提出要求，他没有意识到人必须先付出才能得到。没有燃料、火花、氧气和防雨保护，火是不会燃烧的。消防车的作用是通过消除燃烧条件并增加所需的东西来阻止火势，我们将之称为赋能。

数字化领导力关乎赋能，需要消除数字化转型在结构和文化上的障碍。如果组织需要培训，就安排正确的培训。如果需要建立信任，那就建立信任。现有的激励模式是否不利于未来的需求？陈旧的工作方式或销售模式是否需要被替代？审视这些模式，并就为什么必须迅速改变进行沟通。如果现有的组织结构有可能妨碍变革的推进，那就改革组织结构。

关于哪种类型的组织最能推动超高速变革的理论有很多。然而，有一件事我们相当肯定：过去那种分等级的职能型组织，虽然在专业化和效率方面有优势，但已经过时。而将 IT 部门与组织的其他部门隔离开来并将数字项目的所有权交到他们手中，也不是最佳选择。那么，有哪些替代方案可以发挥作用呢？

流程导向型组织

对那些有机会在实施其独特的业务流程之后组织变革的公司来

说，这可能是一种可行的方法。通过将数字能力填充到每个流程中，你将为业务中心添加一个重要功能。为了传播相关知识，让同事们变得更数字化，可以将新任的或现有的超数字化个体分配到转型工作中。当然，这要求这些数字导师为此而接受专业的培训。一个以流程为导向的组织将面临协同效应和次优化风险等其他挑战。

职能机构仍然可以用来确保协同作用和公共流程。例如，集中化的财务部门，由核心的人力资源职能部门驱动的支持整个组织的人力资源流程，或由核心的营销职能部门打造品牌，可能都是好主意。当然，同样的，核心 IT 平台由集团 IT 职能部门维护。

项目组织

那些拥有运作良好的模拟业务并且只需实施一些明确宣布的新数字平台和辅助工具（从内部流程和系统的角度，以及外部客户关系和互动流程）的组织，可以通过为每个变革领域建立变革项目小组而受益。这种方式潜在的问题是目前的工作和合作方式可能需要比数字化有更多附加。因此，采用这种由临时的合作状态（项目）来定义、事后又回到原来的常规任务中的模式是不够的。在大规模变革中，或者有大量的领域需要变革时，人们可能很难看到全局。这就对战略及变革领域之间的联系提出了很高的要求，这两点都必须被清晰地传达和理解。

矩阵式组织

这种形式在全球性的复杂组织中很常见。起源于 20 世纪 60 年代的美国太空计划，肯尼迪总统突破了当时的可能性将人类送上了月球。为了达成这个目标，美国国家航空航天局不得不对项目管理方法进行革新，这就是矩阵组织诞生的背景。

这种组织形式打破了孤岛的存在，增加了合作。因此，它可以成为数字化转型的一个良好基础。不过同时，这种形式也面临着它自身的挑战，一个已经建立的矩阵组织要推动大规模的变革，会面临另一个层次上的复杂性。

一般来说，我们会看到诸如地理距离、文化、技术和复杂性等挑战，表现为多重领导、目标、优先事项和虚线汇报。矩阵式组织往往会促使会议数量增加，增加延迟决策和缺乏明确性的风险，而且有时会缺乏清晰明确的责任。要想做到成功，你必须挑选合适的人参加会议，确定优先次序，只保留那些能带来价值的会议，并以特别明确的指标和目标开展工作。你必须培养创建和推动联盟的能力，在没有正式等级制度的情况下进行领导，并通过他人采取行动。

网络组织

这种组织可以说是项目组织的更永久版本，是一种合作的方式，在这种方式下，我们围绕着任务不断地进行互动。角色、任务和责任必须非常明确，而且该组织必须具有灵活性并采用高度的自我领导。这方面的一个例子是游戏行业的一家现代公司，他们是围绕流程和项目导向相结合而建立的。每一个新游戏都被当作自己的业务来管理，所有重要的功能都在其中，如市场和销售、开发、质量保证和顾客服务。

维尔福（Valve）软件公司堪称是世界上领先的游戏开发商之一，他们拥有自己版本的网络组织形式，当我们采访创始人兼首席执行官加布·内韦尔（Gabe Newell）时，他明确表示，在这个组织中只有一个公司经理，那就是他本人。他唯一的工作就是给组织提供创造奇迹所需的东西。就维尔福公司而言，这些奇迹意味着彻底改变游戏行业。既通过《半条命》（*Half Life*）、《反恐精英》（*Counter Strike*）、《军团要塞 2》（*Team Fortress 2*）和《刀塔传奇》（Dota）等游戏，同时也通过其1亿用户的社区Steam，维尔福公司跻身成为从实体游戏向下载游戏过渡的市场领头羊。

精英部队

一些公司组建了"数字队伍"，这是一支由专家组成的精英部队，他们被授权推动变革，由一个新职位——首席数字官（CDO）负责领导。CDO最终负责数字化转型，在管理团队中占有一席之地，其任务是确保整个运营的同步性，同时直接向CEO汇报。这个角色要求对运营和数字世界有深刻而广博的经验。这支专家队伍在变革的各个领域与组织紧密合作，并成为一个可以完全专注于变革之旅的项目办公室。

双模与双速

那些目前不是白手起家的公司，或者可以自下而上选择组织、流程和人员的公司，必须在适应新事物的同时调整旧业务。高德纳公司将解决这个问题的方法描述为——双模式IT，这是具有两个平行视角的方法，每个视角都有其独特的目标与变化的速度。麦肯锡将其称为双速IT架构。

模式1

模式1包括所有必须运行的传统的IT/基础设施。例如，可能是旧的遗留系统，暂时不会或不能被取代。在许多公司中，这些系统的维护工作由IT部门负责，或者由组织中的一个独立部门根据他们的具体能力/技能专门负责这项任务。

这种模式的变革步伐较慢，但你可能会与模式2的组织合作，因为无论数字化发展如何，与后台系统的整合或多或少都是不可避免的。

模式 2

模式 2 被用来描述新的、探索性的、通常以客户为中心的数字化开发。这可能意味着新的流程、系统、客户交互或业务模型可以在所谓的实验车间中被开发出来，或者由数字专家在变革领域与运营部门合作的内部咨询组织来实现。

这种形式最适合全新的运营分支机构，因为他们的工作就像是公司内部的初创运营，可以把所有的重点放在开发一项业务上，需要有正确完成工作所需的流程和系统，同时能够从已经到位的基础设施中受益。

这种方法可能将是确保成功的数字化发展和转型的关键。你需要适应仍然必须以传统方式完成的旧模式和正在经历彻底变革的新模式，就像你必须适应人类和机器共生工作的事实一样显而易见。

创造新型角色

但是，当你增加对数字化的关注时会发生什么？难道不会遇上因为数字精英的崛起而隔离组织的风险吗？是的，你们会的。总会有这种风险发生，这取决于你如何领导转型以及如何很好地传达你们的信息。试图掩盖整个组织需要成为数字化组织这一事实毫无用处，旧的经验很快就会被淘汰，未来需要每个人都努力工作。不过，你可以做的是，通过信息和领导组织的方式传达对数字和模拟相结合的需求。可以通过以下公式来表达，这是一种极简的不尽科学的方式，但可以将每个人在整个旅程中的价值可视化。

$$数字能力 \times 模拟能力 \times 变革能力 \times 意志 = 价值$$

当然，你可以增加更多的变量，但我们选择将能力放在"数字"或"模拟"类别中。你会遇到一小批你可能不知道的具备新型能力的角色，这些新能力可能会对你们未来的组织产生重要影响，比如：

- 系统架构师
- 数据可视化专家
- 客户洞察经理
- UX（用户体验）/UI（用户界面）设计师
- 数字化交互创造者
- Vlog 编辑
- 内容宣讲员
- 关系发展员
- 人际互动专家

没有一个所谓"正确的"解决方案能决定如何获得这些人力资源。有些组织为内部的人力资源提供培训并赋予他们新的角色，还有些可能需要从外部寻找人才。对那些必须迅速变革的公司来说，最大的挑战之一是需要大量的开发技能及其他数字资源。一些例子发生在媒体、银行、保险或旅游行业，另一些发生在已经进行了很多变革却落后于竞争者的行业。

要找到、吸引并招聘到有着超级数字化能力的天才并非易事，要让他们留在组织中发展甚至更难。我们仍然生活在一个传统企业被视为主流的时代，因此，与炫酷的软件公司相比，传统业务可能看起来没什么吸引力。然而，随着传统企业变得现代化和越来越数字化，这种情况将发生改变。接下来的发展可能会导致数字化人才更多被目前所谓的偏传统的公司所吸引，因为这些公司为人才提供了一个可施展（自主性）的机会，激动人心且有发展前景的任务（掌控），同时这些人才可以因此成为重要事业的一部分（意义）。

越来越多的人将网络组织视为增加外部能力的一种方式，而且像大型跨国公司那样在组织内部安排外部顾问的做法也越来越普遍。从过去的情况上看，这在资源咨询、人员配置（当公司需要临时性的额外员工时）和替代内部难以招聘到的在岗咨询专家的活动中都可以被看到。我们将越来越习惯于在更加灵活的网络中与顾问和合作伙伴并肩工作。我们将与之合作的许多咨询师都是一人公司，他们具备特定的能力且不想被永久雇用。

此外，人们的地理位置变得不那么重要了。例如，巴西的网页开发人员可以与印度尼西亚的平面设计师合作，由来自丹麦的一名顾问领导，而这名顾问则被视为瑞典雇主的另一个同事，所有产品最终都是交付给美国的客户。

自身领导力

一个新的组织带来了新的工作方式和新的领导方式，如果要以最低的风险和最大的效果来实现转型，这两者都是必要的。所需的基本方面之一是放弃旧世界的观点，即数字化是 IT 部门的工作，而将其视为一种新的实施形式，即模拟与数字、人与机器、文化与结构的结合，所有这些都携手进入新的世界秩序并相互发展。数字化本身更具有预先规划性。我们可以通过有意识的选择创造一个设计，对照这一设计，我们可以在一个测试环境中测试现实世界的结果。在很大程度上，结果是二分的，正如网上的购买按钮一样。但就人类而言，我们会得到一个更不可预测的结果。当一个人与另一个人连接时，其结果既不是二分的，也不是线性的，因为这取决于每个人的个性和驱动力、合作和沟通的能力，以及在人际交往中实际发生的情况。

因此，个人及其变革的意愿将永远是等式中最棘手的部分。

从历史上看，在规划和推动与 IT 项目相关的必要行为改变上，我们花费的时间太少了。传统的数字服务供应商不得不专注于产品规格，而转型本身则被放在了管理者的待办事项里——通常完全没有什么计划，也没有什么支持。至于人们是否实际使用了新工具并遵循新的流程，这往往是在实际转型实施后六个月才会第一次被提出的问题。

在数字化转型中，风险太高、节奏太快，以至于我们无法继续以前所做的事情。我们必须将一切计划好，并以完美的节奏感精心安排变革，同时在整个乐团演奏错调之前持续处理任何刺耳的音符。在这个新时代，以升级的领导力驱动的新型变革管理是必要的。领导层必须按照人的能力来领导，同时利用数字技术有效地从猜测过渡到了解、从知识过渡到行动。

再回到我们今天普遍面临的一个基本问题上，即真正在情感上投入工作中并愿意付出额外努力的劳动力比例越来越低，我们就会明白对员工投入度的重视必须提高。我们需要发展一种文化，让人们愿意提供帮助，我们需要推动参与，尽一切努力发展需要做的事情。请记住：投入感的产生源自——被需要的需要，被看到和被认可的需要，自主和精通的需要，理解并接受共同的目标的需要。我们需要这样的领导者，他们在指导每项工作时都考虑到这一点，他们能够很好地给予和接受反馈，并且能够确定最大的需求在哪里。这听起来似乎需要领导者成为超级英雄，但没有超能力就谈不上是超级英雄，就我们的情况而言，我们需要通过数字辅助工具给予领导者这些超能力，这将帮助他们看到需要看到的东西。他们需要有超敏感的眼睛和耳朵，能够及时理解偏差。所有这一切都是为了让领导者有机会在任何需要的地方发挥他们的能力，做领导者最擅长的事情：运用同理心并提供反馈，帮助个人管理发生的变化，并确保运营中的每个人都能在工作中创造奇迹。

我们想说的是，在组织中需要有"数字传感器"来提供持续的信息，说明正在发生什么和没有发生什么，谁做了什么，以及随着变革旅程的进展，组织的协作、沟通和文化是如何演变的。当不该发生的事情真的发生时，这些传感器应该给出直接的反馈，该技术存在于反馈管理和数字交互的现代平台中。

总之，最重要的认识是，数字化领导者应该找到吸引员工的方法，为组织消除障碍，并认可可取的行为以赋能组织中的其余部门。

无论能在何种程度上通过人际互动做到这一点都是好的。但是，随着变化的高速发展，显然存在着人力资源不足的风险，或者人们无法坦然理解抵抗、担忧或困惑的信号。这就是为什么你应该考虑这样一个想法：所有可以数字化的东西都将被数字化。因此，确保你在变革的进程中拥有合适的数字化工具，如使用调查工具、反馈和交互平台来收集数据，并立即描绘出做了什么、由谁完成以及相反的情况。所有这一切都是为了能把领导层的注意力引向最需要的人和群体。

第 24 章

跟随心流

一些人只是想想，一些人只是憧憬，而另一些人将其变为现实。
——迈克尔·乔丹（MICHAEL JORDAN）

前面我们介绍了心流（FLOW），这一心理学术语描述了人们完全投入一项活动中的状态，在这种状态下，行为者拥有一种深深的掌控感。FLOW 理论已被用于游戏设计，指导人们如何开发一种用户体验以推动长久的动机和投入感。我们经常在成功的游戏中看到这一点，这些游戏允许用户发展自己的角色，并以符合当前技能水平的方式接受挑战。除非你掌握并通过了前一关，否则你根本不会进入下一关。例如《愤怒的小鸟》和《糖果粉碎传奇》，其中第 1 关比第 2、第 3 或 53 关要简单。

实施新的软件、技术和解决方案

当涉及内部数字化、新的数字平台和解决方案的实施时，心流的理念是先打简单的比赛。与运动比赛不同的是，在数字化变革领域，可以选择先打什么比赛。做出的选择将基于业务收益、风险、范围、复杂性和可能实现的潜在协同效应。如果愿意，可以使用下面的模型对每个变革流进行分类。之后，可以选择自己的方式，将之作为呈现连续事件进展的可视化地图。请注意：这里只是举一个例子；在现实中的地图将更加复杂，并不需要从简单的层面开始。心流地图是一个总结性的判断，需要在简单性和业务收益之间进行权衡，同时还要权衡决定实现心流状态的其他因素。

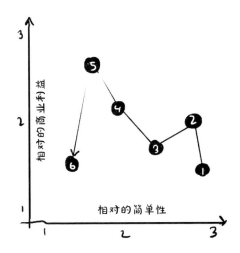

在上述示例中，可以选择从 2 号开始。如果对业务的价值很低，则可能同时从 1 号和 6 号开始等待。如果从对文化有贡献的简单功能开始也不错。早期应用程序的例子有不同形式的反馈功能（用于测量组织内部的活跃度或与外部客户的关系），以及像 Yammer、Chatter 或 Slack 这样的社交功能，这些功能用于给组织员工一个机会在转型的早期表达他们的想法。你们将获得有价值的信息并有机会以相对简单的形式传播好的范例。

无论是什么样的应用，在功能和用法方面都要力求简单，让普通员工可以很快掌握其使用方法。通过在早期选择这种类型的应用，你们可以用较低的投资和较少的工作量来进行监测并推动参与，可以简单地追踪谁在使用什么，谁仍然处于被动状态。无论一个应用程序有多么简单，关键是要带着紧迫感、数字化愿景和战略走过不同的步骤，要通过沟通和建立忠诚度来吸引和赋能组织上下的员工，并将公司的认可传达给每一位员工。

跟随心流也意味着你们要在胜利到来时进行庆祝。已经取得成功的变革领域会得到奖励并被用来为组织的下一步赋能。在达到一个里程碑之后，你应该号召整个组织认可人们的价值，展望未来并瞄准下一个目标。

从外部客户的角度来看，跟随心流意味着选择在什么时候推出什么产品，这也意味着要去测试、学习并去做更多有效的事情。可以失败，但是通过采取一些小的步骤，可以在大量投资之前测试这一模式。正是在这里，不同的利益相关者群体开始发挥作用。

- 战略客户在战略阶段就已经参与了，要不断让他们参与到你们的发展中来。
- 试点运作是很多公司的一个重要部分——他们使用测试小组来测试新功能，你们也可以这样做。试点人群被选择用来代表不同的客户群体、需求和观点。也许是时候采取不同的行动了，你们可以把测试变成一场比赛，参与者根据他们提出的设计和功能的想法（如果这些想法真的被实施的话）来获得积分。
- 当对解决方案感到有把握的时候，大量的顾客就会被连接起来。试点测试已经从各个角度验证了这一点，你们也收到了宝贵的意见，利用这些意见保证了成功的启动。

跟随心流的另一个角度是外部市场的视角，当你们从自有、购买和免费媒体的原则着手进行数字化营销时，以下五个步骤是必要的。

第 1 步：产生潜在顾客

实际上，你们通过推出特定的服务为市场的特定部分解决一个特定的问题，以此换取电子邮件地址或电话号码等形式的联系信息来产生潜在的顾客。服务的例子可以是免费咨询、免费模板、免费送货，或免费注册时事简讯。可以像这样思考：找到人们在你们的行业中最希望得到的东西，给客户提供价值以换取联系信息。该服务通常被张贴在一个单独的活动网站或常规网站上。

第2步：提供网钩

提供网钩意味着给出一个起始价格很低的服务。

例如，苹果音乐最初在有人注册新账户时提供3个月的免费服务。如果服务也堪称世界一流，那么价格就会被认为定得特别低。创造网钩的最好方法是以成本价出售，甚至有时会亏本。如果你们有数字产品，那么可以提供产品的试用期，而对实物产品，你们可以提供折扣和数字优惠券。想一想，你们有什么产品可以吸引潜在顾客并使之真正转化为一个顾客？

第3步：转化到核心服务

得到了销售线索，并且已经转化为顾客。现在是时候提供你们所销售的旗舰产品／服务了。这是你们销售的利润率最高的产品／服务。顾客已经接受了你们的一两项服务，这使得他们更有可能接受你们的核心服务。我们经常看到公司跳过前两个步骤直接去做核心服务。这样做带来的问题是，尽管利润率更高但信任尚未建立起来，反而导致了较低的转化率。

第4步：在现有顾客群实现收益最大化

正是在这一步中，你们提高了利润率，增加了平均订单的价值。你们可以考虑一下超额促销。在电子商务中，我们也谈及附加销售或交叉销售，即其他购买过某一产品的人也购买了这一产品。最好的方法可能是围绕大码菜单的原则，在这里实现收益最大化。如果"网钩"是一美元的芝士汉堡，那么核心产品提供的内容便是菜单以及菜单上利润最大的优质产品。思考一下，你们的网钩是什么，核心产品从哪里进入，可以通过数字化方式推广哪些产品来实现收益最大化？

第5步：通过触达个体来增加购买量

把一切能让顾客更频繁地回来找你们的东西都放在这一步骤，这包括与自有媒体进行战略合作，推出品牌忠诚计划和数字参与计划并提供世界级的顾客服务。在技术领域，与自动化营销和大量的再营销达成战略合作。在数字世界中，获得顾客是一回事，但让他们成为回头客则更重要，因为顾客的忠诚度越来越低了。

我们可以用"关系营销"这个词来概括这部分内容，其目标是建立强大和持续的关系。今天，大多数人都有手机，而且这个群体每小时都在增长。移动世界提供了巨大的机会，让你们可以直接与顾客建立个人关系，无论他们身在何处。我们通过将信息存储到个人层面来实现这一点，这样我们就可以看到并了解顾客的购买行为，从而提供更准确的服务。那些旨在向所有人、所有地方提供信息的大型全球营销活动已经不复存在。今天，关系营销才是最重要的，而个体顾客才是营销的核心。

使之生存壮大

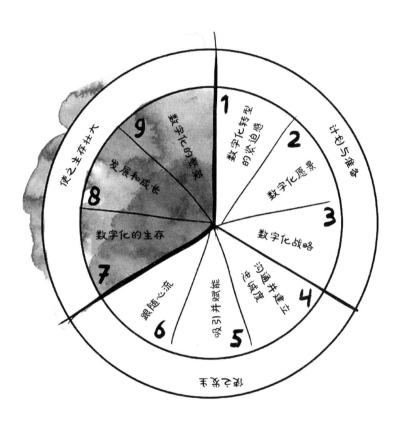

第 25 章 ■

数字化的生存

你必须学习游戏规则，而且必须比别人玩得更好。
——阿尔伯特·爱因斯坦（ALBERT EINSTEIN）

提高了变革的速度后，要保持这种高速度，并确保参与和改变的意愿在组织内持续存在。你们不希望自己的运营或发展停止脚步。与此同时，你们还需要做到：

- 停下来，反思所发生的事情。
- 停下来，反思当前的状态。
- 停下来，分析要想让变革的意愿持续下去，还需要什么。

此后，你们要竭尽所能向前奔跑，离开启动区域，推动数字议题的参与和发展。记住：变革的节奏永远不会变得更慢，变革只会越来越大，受数字技术的影响也只会越来越大。

停下来，反思所发生的事情

每次"战斗"结束后，都要坐下来分析效果，分析工作进展如何，哪些是好的，哪些是不好的。在这个过程中很可能充满了经验教训，这样做正是要让问题浮现出来。通过让组织中的大多数部门参与进来，可以得到更多观点和更高的参与度。通过公开透明地承认错误，可以提高领导层的可信度；这反过来又为成长提供了机会。

许多人急于求成，特别是对结果感到满意的时候，但无论结果如何也总是有改进的余地，鉴于我们现在将过渡到一个指数级的数字化发展时代，所有得到的教训对我们都是至关重要的。

下面是一个简单好用的结构，你们可以用来进行反思：

- 开始做
- 增加，多做
- 继续做
- 减少，少做
- 停止做

之后，你需要说明如果人们从现在开始不按你说的做（开始做，停止做等），谁会受到影响：

- 顾客
- 同事
- 经理
- 公司
- 供应商／合作伙伴

我们用以上的元素建立一个矩阵，并且在其中画上一些点。

最后，用一个合适的比例尺给每个点加上一个值（例如 1 ～ 5，1 代表低值，5 代表极好的值）。随着图不断被填充，可以一目了然看到多维度的数据，并在充分知情的情形下做出明智决定，然后继续向前迈进。

停下来，反思当前的状态

你需要回到最初为唤醒紧迫感而做的 SWOT 分析，并将其与当前的状态进行比较：

- 你们在多大程度上满足了数字化转型背后的动机?
- 竞争的情况如何?
- 数字化利益相关者地图是怎样的?
- 在保持或发展已确定的优势方面做得如何?
- 是如何解决弱项的,现在的位置处在哪里?
- 转型的直接结果创造了哪些机会?
- 现在能看到什么威胁?

你们可以用一份简单易读的文件总结一下整体情况,并将其提交给首席执行官或管理团队。这份文件随后也应当被分享给整个组织。

停下来,分析需要什么才能让变革的意愿持续下去

现在是时候看看究竟发生了什么。当变革的能量和意愿已经增长,需要什么来保持活力? 在整个组织内实施数字化创新讨论会正逢其时,这样每个人都能为持续发展做出贡献。在一切可以数字化的东西都将被数字化的论调下,组织内部的力量、供应商、合作伙伴和顾客成为进一步发展的能量。给他们一个舞台,让他们就可以数字化的领域提供建议,增加公开透明的投票系统——也许像亚马逊和爱彼迎所采用的那样,或者是一个简单的"点赞"的功能,并真正去实施获得最多投票或赞赏的建议。

可以自行用直接的评估建立算法,或者使用让客户意见更具价值的模型。不过,首当其冲同时也是最重要的是,一定要认可好的范例,不仅是获奖者,而是每一个参与其中的人。通过这种方式,让所有人都能得到关注。质量和数量的结合会带来不同,所以要从更广泛的人群中增加数量,积累尽可能多的想法。

这样做是在营造人们的投入感并保持变革的活力。要确保不出

现 1/9/90 现象——即 1% 的人在做贡献，9% 的人在看，而 90% 的人什么都不做。最好结合以下几个方面做到这一点：

- 领导力——行动起来，通过你们的行动彰显变革的重要性，不仅是通过你们的加倍贡献，而且是通过推销你们共同的目标并激励其他人也采取行动。
- 沟通——通过不断沟通并在必要时提供信息，你们可以传播最新的消息并促进行动。
- 数字化参与——找到有意义的、有挑战性的、有趣的方式，让人们参与进来并开始行动。看看谁能得到机会来参与其中？

你们可能已经体验到，组织中有各种各样的人，他们具备不同的能力。你们必须接受这样的想法：即有些人不会／不能与你们一起继续在变革之旅中前行。

谁有机会加入变革之旅？

我们所熟悉的角色，如破坏者或耳语者，得到了改变的机会，但不能再像以前那样做事。那些积极固守旧方式而不进行调整的"数字恐龙"只有在特殊条件下才能生存（例如，如果他们具备独特的能力）。即便如此，你们也必须摆脱对自己能力的依赖，这些能力需要被换成适应变革的能力。你可能也见过一些管理者和员工，他们是大声的反对者，他们往往被旧的东西所吸引，这些人需要被换成总体上能迅速适应新的条件和变化的人。

专注于让新人留下来与你们一起发展。重要的是要根据谨慎的标准来选择你们的同事，寄希望于那些能够在未来做出贡献的人身上。

所有新加入的人都应该具备两个共同点，具体来说就是他们既喜欢变化，同时也具备企业所需要的数字化能力。这也适用于组织的其他成员——他们应该希望提升自己的数字化能力并享受变化。

从雇主的角度来看，应当认为与你共事并不是一项不可剥夺的权利，也不是一种义务——而是一个巨大的机遇。然而，你很快就会意识到（如果还没有意识到的话），这种看待事物的方式非常符合千禧一代的信念。你没有权利让他们为你工作，也没有义务雇用他们。记住这一点，并确保按照每个人的条件来激励、动员并雇用他们，与此同时，价值观、文化、目标和愿景等形式的规则也要符合条件。

争夺最佳数字资源的战争刚刚开始，你们必须拥有一个战略确保如何把人才留在组织里，也许不是作为雇员，而是作为顾问、合作伙伴，或以其他合作条件。专注于成为最有吸引力的公司，提供最振奋人心的挑战并拥有世界级的数字基础设施，这些将是必需的。充分利用外部数字化举措，包括自有媒体、付费媒体，特别是免费媒体来创造吸引力，并将这些形式的潜在粉丝转化为员工或合作伙伴。

人们之所以都想在脸书工作是有充分理由的。一是看上了公司的品牌；二是产品；三是福利；四是文化，最后一点，就是在一个其他人都进不去的地方工作带来的优越感。

不是每家公司都能成为脸书，但几乎每家公司都可以做更多的事情来增加自身的吸引力，无论是内在的还是外在的吸引力。归根结底，这不是收买人心，而是要成为一个"好雇主"，而做"好雇主"本身并不一定需要花钱。最重要的是给人们带来那种感觉，那种与志趣相投的人在一个组织里的感觉，那种与拥有共同愿景和目标的人在一起的感觉，那种对一起创造奇迹充满热情的感觉。

也许这听起来像是老生常谈，但只要工资被视为公平，这种感觉（以及文化）往往胜过工资和货币福利。一个每月加薪一千美元的人仍然会对一个被认为贡献不大但得到同样加薪的同事感到不满。与此同时，我们知道，加薪带来的动力和投入在短短几周后就会下降，而从事一份自主的、有发展和有意义的工作的感觉，可以激励人们接受低薪工作，甚至免费工作。

为了说服合适的人加入并留下来，你们需要专注于提供好的工作内容、工作体验和好的感觉——如同对待你们的顾客一样。

第 26 章
发展和成长

文化把战略当早餐吃。

——彼得·德鲁克（PETER DRUCKER）

这里分享四家不同公司的领导对他们文化的描述。文化没有对错之分，最重要的是要有意识地选择文化，要有优化经营的文化，要有开放发展的文化。有些公司所在的领域／行业离下一波数字浪潮到来之前还有一段时间，对他们来说，也有机会让公司在文化上做好准备。

我可以随时给任何人打电话，如果那个人的手机开着，我就会得到帮助。我们公司有一种乐于助人的文化。

在我们的运营中，一切都围绕着客户。以客户为核心的文化存在于我们企业的每一个细胞中，这意味着在任何时候每个员工都会尽一切努力让客户拥有丰富的体验。我们有强大的以客户为中心的文化。

我们的文化可以用 3 个词来描述：倾听、挑战和高效。我们希望人们首先倾听，然后提出问题，创造性地质疑旧有的模式，并以这种方式推动变革，真正带来改变。

我们处在一个竞争极为激烈的市场中，仅仅做到优秀是不够的——我们必须成为世界一流。如果我们都能做好自己的工作并不断超越自己的潜力，我们知道别人将很难打败我们。我们称之为"世界级"的文化。

每个组织都有自己的文化，有些组织比其他组织更有意识地对文化进行选择和发展。正如前面的引文解释的那样，文化通常是以语言来象征的，例如，通过添加更详细的语言来描述一个正在进行的行动，从而举例说明组织的特征。对我们来说，文化和情感是一样的——即我们希望在工作中抱着什么样的情感？许多人把文化误认为价值观，但后者最好被看作是我们建立的准则，我们应该根据这些准则来行动。价值观决定了什么是可以的，什么是不可以的，而文化更多是描述一种或几种普遍的态度和情感。

无论当前的文化是什么，它都将受到挑战，你们必须采用两个充分发挥作用的关键因素：数字化和变革。一个由幸福、满足或快乐组成的文化需要引入数字化，看看这些文化如何通过数字环境或虚拟方式跨越距离传播。如果组织正处于发展阶段，但有员工为来自不同的办公室或在家办公的供应商或合作伙伴工作，那么你们就需要找到一种方法将企业文化传播到这些偏远的地方。一个追求幸福的文化必须学会在变化中寻找幸福，因为变化是我们在前进过程中看到的为数不多的一个常量。一个关注质量的文化必须以类似的方式行动起来，并需要找到从各个角度驱动质量的数字手段，而正在进行的变革和改进可能已经是环境中的自然现象。任何形式的疾病都会影响表现并危及工作结果。这里所说的疾病，指的是与组织利益相悖的文化，这是一种对管理层缺乏信任、充满恐惧的文化。

根据文化的现状，你们需要调查在转型之前是否需要进行文化变革。由于文化的改变要求很高，而且需要时间（往往超过一年），所以它将给那些在变革旅程真正开始前真正拥有完善文化的组织打下良好的基础。如果你们有时间，在数字化转型真正开始之前为组织做好准备肯定是最好的。

对那些现在就想进入转型的公司来说，真正的文化发展可能还要等待。由于一些原因，推动文化变革与激进的转型并行是有风险的。

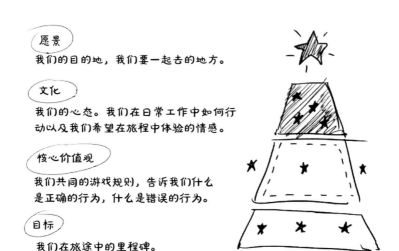

愿景
我们的目的地，我们要一起去的地方。

文化
我们的心态。我们在日常工作中如何行动以及我们希望在旅程中体验的情感。

核心价值观
我们共同的游戏规则，告诉我们什么是正确的行为，什么是错误的行为。

目标
我们在旅途中的里程碑。

变革将在一定程度上有利于企业文化向数字化和变革驱动型组织发展，但变革也会产生一些后果，表现为员工要么不得不离开，要么他们自己选择离开。这就带来了焦虑。

文化是有机的、人性化的、敏感的、充满能量的。文化强烈地影响着人们对组织的投入感和每一位员工。因此，文化将是一个公司的关键资产之一。在人们的投入度普遍下降的时候，竞争加剧，顾客往往越来越不忠诚。数字化要求人们想要改变并学习新的工作方式以及新的技术。对组织来说，文化从来没有像今天这样重要过。

我们都知道"条条大路通罗马"这句老话，但在当前的环境下，我们需要将它调整为"很多条大路通向罗马，但速度不同"。这同样也适用于企业文化，在这一领域，有许多关于如何最有效地发展文化的不同观点。有些道路会通向罗马，但它们会在不同的时间框架内把你们带到那里，而其他道路可能会把组织带入死胡同。同样地，这关系到从一开始就做出正确的选择——知道你们要去哪里，计划你们的行程，并确保每个人从开始到最后都与你们在一起。

以前，文化一直与一些松散的、无形的东西联系在一起，我们很难看到它并衡量它带来的结果。即使是最好的业务驱动型企业的领导者也很难重视文化，更难体会其对最终结果的真正影响。推动文化发展已经变成是人力资源部门的一项任务，多年来，我们遇到了无数没有真正认真对待组织文化的领导。

自2008年金融危机以来，人们一直把重点放在优化业务流程上，采用具有成本效益的解决方案，许多企业都经历了结构性的发展，实施或优化了评价系统或绩效管理系统。我们看到银行变得以产品为中心并在产品的帮助下阐明服务、提高销售和交付效率，所有这些都是为了追求更高的利润。

我们也可以看到零售店在组织中运用关键绩效指标来追求利润，其关键绩效指标主要集中在效率、库存优化和利润率等硬因素上。在后面的几年里，我们也遇到了越来越多的领导告诉我们，"我们已经忘记了人"或者"我们已经忘记了顾客"。

最近，文化显然更受关注了。随着员工投入度下降的挑战以及数字化的直接结果，人情味儿变得更加重要，与此同时，数字革命使得在文化变革进程之前、期间和之后对文化进行衡量成为可能。无法定义的东西变得可以定义，无法衡量的东西变得可以衡量，有了数据，领导者可以做出以数据为导向的决策。现在已经到了衡量真正文化行为的时候了，比如合作、帮助、沟通、知识传播，并将一切与绩效和目标的实现相关联。就像一个销售人员，如果能与对的人进行更多的会面，并从顾客的角度进行更高质量的会面，那么其结果将是增加收入或利润。

我们现在能做的就是强调那些能推动结果的行为。就像教练在比赛前为运动员打气，让他们处在对的"模式"上，我们也可以驱动能让业务获得更好结果所需要的情绪。

开始在文化上下功夫，这样做永远为时未晚，只是会面临不同程度的困难。一个功能失调的组织会有疲惫和冷漠的反应，但也会因为现在决定去关注文化而感到轻松和热情。导致这些不同反应的是这样一些因素。

- 理解目标：设法进行沟通并让人们对结构化变革背后的原因有所理解，这样的组织将拥有更容易实现的变革旅程。
- 信任度：低水平的信任会产生强大的阻力，这体现了人们对管理层的看法。公开和诚实的结果是信任度的增加，反之则会带来致命的后果。
- 经验：行为是别人判断我们的标准，记忆保留并控制着我们的情绪。消极的记忆会导致消极的想法和感受，从而导致退缩或攻击。
- 反思的时间：不同的人需要不同的时间来消化、理解并在变化中找到启发。在一个节奏始终很快的组织中，人们没有时间进行反思。

请注意，这里没有对错之分——我们不下任何判定，而只是得出这样的结论：聚焦于结构维度往往会对另一个维度（即文化）和公司内部的情绪产生负面影响。如果员工不理解或不接受变革背后的目标，他就会感到无力，失去动力和激情。这些情绪会传染给其他人，包括同事和顾客。所以，在文化进程开始之前，检查文化当前所处的状态并以此作为前进的基础可能是一个好主意。让我们再说一遍：数字化转型的挑战不亚于攀登珠穆朗玛峰，如果组织生病了，则不建议开始这段旅程。

从里克·莫瑞儿（Rick Mauer）的角度来看，不应该存在很多针对管理层的反对（第3级）。因此，我们假设每个管理者都承担起自己的责任，在旅程开始前对组织进行调查，以便确信管理层是值得信任的。

下面是一个循序渐进的指南，而且无论是在拥有1.5万名员工的全球化公司，还是在拥有30名员工的创业组织中都被证明是成功的。这一方法是建立在肯尼迪总统提出的登月旅程所采用的原则之上的，从他宣布"我们将在十年内把人类送上月球"的那一天起就制定了这个目标，在那之后，NASA逆向设计了这一过程并制订了一个明确的计划。该计划后来得到了执行，并在1969年超出许多人的预期更快地实现了目标。此外，慈善组织"生命之星"（Star for Life）致力于增强儿童和青年的信心，并通过这种方式在南非、纳米比亚和斯里兰卡抗击艾滋病毒问题，这个组织也采用了类似的方法。

现在是确定组织的文化梦想的时候了，之后你们将研究如何才能达到这个目标。当梦想成为一个具体的目标并且可以这样表述时，它就过渡到了现实。

1. 我们要去哪里？

从宣布文化旅程的目标开始——文化应该带来什么以及你们想去哪里。文化之旅是否在数字化转型之前开始很重要。推动变革可能需要一种文化，而在数字化背景下保持步伐需要另一种文化。无论现在处在何处，都要声明你们想要去到哪里以及变化背后的目的是什么。正如你们以前所了解到的，最重要的是同时刺激人们的左脑和右脑，这就是为什么你们将会从形象化的目标、语言和文字中受益。你们对自己的沟通没有把握吗？如果没有的话，不要害怕去寻求帮助。

你们要回答以下问题：

- 到底希望达到什么目标？
- 想何时达成目标？
- 如何知道自己达成了目标？

2. 为了达到目标，需要改变哪些行为？

如果要达成目标，员工需要多做什么，或者少做什么？请注意，这往往是关于更多或更少，而很少是关于全部或没有。大多数人已经在做你们希望他们做的事情，但他们不是做得太多，就是做得太少。写下你们想改变的行为，尽量用积极的语言表述——解释你们想要什么，而不是你们不想要什么。

行为是一种重复的行动，是我们自动遵循的模式。对需要重复某种模式多少次才能成为一种行为，人们意见不一，答案因人而异，但这也取决于行为本身。一些励志类的书籍经常声称改变一个行为需要 21 到 28 天的时间，其中最常见的是第一种情况。在 1960 年，整形外科医生麦克斯韦尔·马尔兹（Maxwell Maltz）发表了一项理论，指出被截肢的人平均需要 21 天的时间才能开始适应他们失去肢体的情况。

最近一项来自英国的调查显示，新行为的形成平均需要 66 天。其背后的研究包括让那些想形成新行为的人在午餐时吃水果或每天锻炼 15 分钟。研究表明，不同的行为模式需要不同的时间才能形成。

你可以用一些简单但困难的事情来进行自我测试，比如改变刷牙的模式。你可能通常从一个特定的区域开始，不管是在嘴的左边还是右边，上面还是下面，并以一种习惯性的模式移动——这很像一个编程机器人，由潜意识记忆控制。如果你的冲动控制能力差，或者很匆忙，最后一颗牙齿有可能没有得到与第一颗牙齿同样的照顾。那么，你可以挑战一下自己，从另一端开始刷牙，或朝相反的方向走，早晚各做一次，持续 21 天。如果你发现自己在第 22 天又回到了原来的模式，你就知道你需要更多的时间。继续这样做，并在第 33、44、55 或第 66 天进行反思。

现在，将希望得到的行为分为若干组，并确保数字和变革都被放在首位，要么作为行为本身，要么是作为你们想推动的行为的一部分。这里分享几个例子，数字和变革被整合到新的行为中。

·合作

"我们努力在做的一切事情上进行跨界合作，利用数字渠道进行内部沟通。我们不断挑战我们的沟通方式以找到有效合作的新方式。"

·沟通

"对于沟通，我们的原则是宁多勿少，根据我们的目的选择沟通渠道。我们使用我们选择的所有数字媒体和工具来使沟通更有效，并奖励让沟通变得更好的创新方式。"

·对知识的追求

"对我们来说，知识就是一切，我们尽一切努力获取知识并将其传播给他人。我们在追求知识的过程中使用数字渠道，但我们意识到知识容易过时，因此需要不断更新。"

这里还有几个相应的例子，数字和变革与其他期望的行为一起得到了应有的重视。

·协作

"孤立并不强大。这就是为什么我们在任何事情上都要合作，并与每一个有利于我们业务的人合作。"

·沟通

"缺乏沟通会导致十倍的猜测。这就是为什么我们选择了更多的沟通，包括在公司内部、与我们的供应商、市场以及与我们的顾客进行沟通。"

·对知识的追求

"知识仍然是力量，但总有人比你知道得更多。这就是为什么我们选择将知识运用到我们所做的每一件事中，这样当我们的顾客寻求答案时，他们就会向我们寻求帮助。"

·数字大师

"一切可以数字化的东西都将被数字化。因此，我们努力将内部数字能力最大化，在人机结合的帮助下向顾客提供无论何时何地都能满足他们条件的服务。当客户需要我们的时候，我们的实体服务就在那里，但同时又有数字渠道来处理其他一切，我们将不断发展我们的商业模式，目标是用更少的资源提供更多的价值。"

·变革领导者

"变革是我们必须适应的常态，因此我们努力发展一切可以发展得更好的东西，质疑旧的模式和习惯，并在日常工作中推动积极的变革。"

3. 对你们的利益相关者来说有哪些价值？

当你们达成目标时，它为以下利益相关者带来的直接和间接的价值是什么？

● 顾客

- 雇员 / 个人
- 集团 / 部门
- 经理 / 领导
- 公司 / 组织
- 所有者或其他利益相关者

你们需要确保每个人都有所收获。特别是要确保内部利益相关者（员工 / 经理）有明确的价值观，他们需要改变自己的行为以建立正确的文化。不要只看重货币价值，而是要看重推动每个人情感参与的价值。

4. 行为来自行动

认可并宣传体现不同行为的行动实例，并为每一个实例编写一个清晰的故事。确保组织上下都有足够的例子以便每个人都能在日常活动中认识到并实践这种文化。

例如，追求知识的行动范例可以是：

- 听课学习，通过测试并获得认证。
- 在网上阅读有趣的文章，并在内部社交论坛上分享知识。
- 在一个项目或客户会议结束后，写一篇"经验教训"的总结文章。
- 在内部网上写一篇博文。
- 提出问题或在社交论坛上回应问题。
- 撰写白皮书、客户案例或文章并在内部或外部发表。
- 分析数据，发现一个以前没有见过的新模式。

5. 文化的定义

文化关乎态度和情感，因此，你们所选择的行为能够代表你们想要创造的感觉，这一点至关重要。必要时，可以借助以下问题进行评估和测试：

- 如果每个人都生活在协作文化中，会不会为每位贡献正能量的人带来一种良好的感觉？
- 如果每个人都多做一些你所示范的协作活动，是否会简化你们的日常工作，使员工个人和管理者的工作更有成效？每个人都能看到每个行动的好处吗？

在上述预演之后，现在是时候定义你们的独特文化了——象征着你们想创造的整个文化的词语或短句。比如说：

- 世界级的文化：所做的一切都力求完美。我们将通过生活中以质量、发展、沟通和乐于助人为理念来实现这一目标。
- 帮助文化：利用所有的资源，包括人力和数字资源，尽可能多地帮助更多人，实现不断地进步。
- 人机文化：在所做的一切中，我们努力为所有的利益相关者——顾客、员工和整个组织优化体验。要做到这一点，就要选择能带来改变的人。在人以外的其他方面，我们选择数字化。

6. 管理层的作用

现在是时候确定管理层必须采取哪些不同的措施才能实现文化转变。作为管理者，我们要做什么才能让一切成为现实？

如果我们想创造一种合作文化，就需要采取行动来促进合作。如果我们想营造更多的信任和发展的勇气，作为管理者，我们也许需要以不同的方式行事。我们必须思考行为方式，并以同样的方式改变我们的行为。

这对文化转型至关重要，因为如果我们继续在没有授权的情况下赋予责任，如果我们禁止失败而不是表明我们将失败视为对经验的投资，如果我们继续一边增加结构一边大谈文化变革，转型将不会真正发生。这种转型不是真实的。很快就会有人说我们虚张声势，最好的情况是，我们的同事会感到困惑，而最坏的情况下，他们会对我们这些管理者失去信任。

管理者的角色将具有双倍的重要性，但同时也面临双倍的挑战。管理者要比其他员工多出一倍的时间去体验这种文化。我们必须以身作则践行我们想要创造的文化，并通过有利于新模式的明确行动间接地激发他人。而且，我们必须在我们的目标上被视为是真诚的。

7. 障碍物

是什么让你们今天无法实现这种文化，又是什么会在明天阻止你们向前？哪些激励结构不利于理想的文化，哪些恐惧阻碍了人们的发展，还有哪些行为或结构不利于实现你们的目标？

8. 替代路线

当你们知道了真正的阻碍在哪里，就可以选择你们的方式去拆掉障碍物，或者在无法拆掉的障碍物周围找到替代路线。关注机会将变得至关重要，因为风险显而易见，会出现"不能""不会"或"我们尝试过，但没有成功"等一系列否认和抵制的情形。

9. 资源

现在，找出你们需要什么来实现文化转型。需要增加哪些数字和模拟资源以使可能的事情成为现实？需要什么数字辅助工具来简化这一进程？是一个作为整个组织的数字会议场所的内部网？一个在必要时创建数据驱动计划的数字反馈系统？还是一个交互平台，帮助你们挑战并有机会看到谁做了什么以及谁没有做？

在这些数字资源的基础上，你们要确保牢记以下的维度：

- 管理层
- 沟通
- 参与度
- 自主性
- 庆祝胜利

额外的资源是从外部获得的。从外部顾问那里获得帮助可能是一个好主意，你们可以由此获得支持、辅导和工具——外部顾问还可以凭借其可信度、知识和早期与其他公司或组织进行文化转型的经验，以你们在内部无法做到的方式向组织直接发起挑战。

10. 文化变革的行动计划

现在我们来谈谈文化项目在过去的实施过程中的主要不同之处。事实证明，顾问在激发灵感、识别感受和含义方面确实很有帮助，然后在执行时把一切都交给管理层。然而，在大多数情况下，公司在文化发展方面缺乏结构性的行动计划。

行动计划，其中一些部分是透明的，对整个组织开放，但主要部分是由管理层的战略或战术因素构成，这样的进程可以向前推动。我们往往会建议透明化，但有时候，某些旨在推动参与的战术活动最好在以后解释——应该先由员工来体验而不是由管理者提前解释。想想看，这就像一部伟大的电影——如果我们没有事先读过剧本，那么这种体验会更有影响力。

即使在文化发展工作的一路都有明确的里程碑和关键绩效指标，你们仍然应该保持灵活。因为一切都在变化，你们的文化变革行动计划应该随着时间的推移而发展。把这个过程分成若干次短跑、冲刺，但也有一部分是要长时间努力才能实现的长期举措。

行为	领域	活动	谁	何时	报告	状态
数字	交流	从24小时规则开始，管理团队必须遵循这个规则，并将期望的行为传播给其他领导者	所有	从今天开始，往后	管理团队	正在进行中
数字	交流	从结构性方法开始，如谁不在时都要设置自动回复	所有	从今天开始，往后	管理团队	正在进行中
数字	交流	根据数字——模拟来确定会议的优先次序	所有	从今天开始，往后	管理团队	正在进行中
数字	交流	当我们收到信息时，开始从"需要"到"应该想要"的角度进行思考。按此确定优先次序	所有	从今天开始，往后	管理团队	正在进行中

我们确信，这将明确地推动领导力发展。自然界的规律就是任何事物都要发展，这也包括管理在内。新的时代需要新的文化，而新的文化需要升级换代的领导力。

与一般的危机或激进的变革一样，数字化转型意味着曾经的一切将不复存在。当旧的真理和行为被埋葬时，我们带着新的灵感和新的现实一起站在那里，回望曾经发生的一切。

这一切取决于你们从哪里开始踏上旅程，公司今天看起来如何，明天看起来也会不同。你们的文化也会发展，从现在开始，它将需要由人的力量和机器的力量结合起来共同驱动。当你们考虑到在一个去中心化组织中创建和传播一种文化（并衡量它）时，这一点就变得显而易见。在这种组织中，人们分散在不同的地理位置且没有什么数字支持。

在这一点上，大家可能都很清楚一切都需要发展。因此，应将重点放在不断挑战和发展我们的数字能力、数字领导力和数字文化上。

第 27 章

数字化的繁荣

    1992 年 7 月 15 日，我的长子来到了这个世界。从最初的摇摇摆摆到站起来，迈出了他人生的第一步。他长大了，开始上幼儿园，然后上学，然后突然间他就要高中毕业了。他在家度过了最后一个夏天，之后就是他踏入现实世界的时候了。他要去纽约，我含着眼泪站在那里看着他消失在机场的安检口，走向他人生的下一个阶段，走向他自己的生活。我不禁思考着为人父母的目的。这一切是如此神奇，却又如此艰难——唯一的目的是让我们的孩子为这一时刻做好准备：当现实生活真正开始的时候。

    随着数字化步伐的推进，我们正站在范式转变的边缘，领导力的确必须改变。领导一次转型是一回事，但为即将到来的事情做好准备则是另一回事。从多个角度来看，我们看到未来的需求是今天的领导力所不能满足的。当发展以指数级的形式出现时，我们就不可能预测接下来会发生什么，或者什么时候发生。不过可以肯定的是，更多的事情会发生，而且比我们能预测的更早。我们迟早会达到这样的地步：垂直领导的传统的管理结构将不再满足发展的速度。这样的未来要求离一线最近的员工凭着本能迅速地采取行动，以价值观为基础，为顾客、团体和组织的利益服务。

我们的团队需要开发出自治模式能够适应我们希望发生的事情，因为当事情发生得比以往更快时，我们将无法控制正在发生的事情。我们需要通过标准进行自我控制的组织，一个员工自我教育、自我管理、自我修正的组织。

如果有人踢了一个蚁穴，很可能过不了多久，蚂蚁就会把损坏的地方修复好。蚂蚁为集体和蚁后的利益而工作。当有人踢到非有机材料，如墙壁或门时，我们会叫木匠来修复它。只有在少数一些情况下我们可以将人类比作蚂蚁，但在这种情况下，蚁穴的比喻恰恰说明了未来组织中需要的东西。

当问题出现时，那种必须给管理者打电话要求他们拿出解决方案来解决这个漏洞的老旧做法行不通了，员工必须自己做出决定并直接解决问题。我们已经在努力实现这样的场景：即公司里的每个人都能在客户投诉时及时处理，同时将不满意的客户转化为我们的品牌大使。我们需要独立思考的系统开发人员或创新者，我们意识到组织真正的力量来自每个人凝聚在公司的目标周围并朝着同一个方向前进。我们没有时间或金钱，让船下的人拖后腿阻碍我们的进程。

自我学习是指组织中的每个人都想通过课程和教育项目、公司内部网、犯过的错误和收集的数据来自由地进行学习。如果我们激发了人们对知识的渴望，就将获得更多的能量和更有能力的组织。如果我们创建了一个组织，在这里人们互相学习，乐于互相帮助并且敢于公开他们需要学习的东西，那么成为这个组织的一员或成为它的顾客可能会感觉非常棒，其他公司将很难与之竞争。记住：谁最渴望知识，谁就赢得了知识之战。

自我领导是指相互管理和建立横向领导，由此，文化和价值观有助于个人的日常工作，个人为了团队的利益互相帮助。传统的领导力课程通常包括三个层次：管理自己、管理他人、相互管理，其中最后一步有助于创造发展。当人们生活在一种诚实的"反馈和结果"导向的文化中并向彼此清晰阐明什么是对、什么是错的时候，就会为了整体的利益而不断进行修正。这意味着思维模式与群体不一致的人们将退出，加入另一个更接近自己价值观和需求的群体；也意味着组织积极参与招聘人才的过程，谨慎选择谁可以加入他们的团队，还有一些人站在外面希望被允许进入这样的组织。这种既排斥又包容的文化已经变得如此强大并富有吸引力。

在自我领导的所有积极因素中，需要认识并牢记以下几点：在传统意义上，工作者指的是在他／她所在的特定专业领域工作的人，而未来的组织则恰恰相反——需要的是一群能跳出思维定式的具备多样化思维的人。因此，我们对人才招聘应该谨慎，不要走捷径，不要雇用和自己一模一样的人。我们需要的是和我们目标一致的员工，这一点在沟通时要非常清晰。

自我修正是指员工在一个或多个员工需要支持的时候互相帮助。当担心和焦虑开始占据上风时，人们会花时间坐下来相互交谈。当有人生病时，空缺会立即有人愿意承担额外的工作来补位。人们总是需要更多的支持和培养，而在充满培养和理解的文化中，我们在需要的时候会互相分担重担。在这里我们明白，团队的结果实际上是每个人的贡献的总和乘以团队处理问题和挑战的能力。

你们如何做到这一点，如果有所谓的解决方案，为什么如此难以做到呢？

这就是为人父母的意义所在。在与数以千计的管理者和企业领导人会面后，我们得出的结论是，关键的挑战在于对领导力到底是什么存在着僵化的观点。过去，我们常说，管理者负责管理和分配员工的工作。今天，我们意识到，这个定义是有缺陷的。一个管理者，或者更准确地说，一个领导者最重要的任务是创造追随者，而追随者又创造追随者，如此循环。从某种角度来看，旧的定义是正确的——领导力是第一位的。但我们不能忘记这样做的目标，即他们首先要做的是示范行为，向人们展示他们希望人们奔赴的方向。

如果我们想看到发展，就应该把领导力看作是一种工作上的亲子关系，在这一点上，我们必须放弃以往的满足感。我们必须认识到，领导者的首要任务是让员工在组织内对自己的生活负责。从父母的角度来看待这个组织——不是一个限制孩子的父母，而是你真正想要成为的开明的父母。那会是什么样子？也许你会说那是一个好家长：

- 确立正确的价值观并保持其活力。
- 在家庭中拥有一种文化，具备温暖、教育和爱等情感。
- 给予明确的指示，在前面带路并作为一个榜样。
- 放手吧，退后一步，让他们试着飞。
- 出于诚实和好奇而感兴趣，但没有干涉。
- 表明在他们需要的时候我们都在他们身边。

在许多组织中，领导层仍然遵循着老式的管理，仍然关注指令、绩效流程和使用 KPI 仪表盘来评估每个员工的工作。我们遇到了太多的人，他们很晚才意识到在高级的 KPI 仪表盘和精简、优化的业务流程的帮助下，他们忘记了员工这个词背后的人，或者说顾客。对成本效率和资本效率的追求，增加了组织的压力，带来的结果往往是忧心忡忡的、不太信任的、不太投入的员工队伍。不难理解为什么这么多人对工作失去兴趣，因为工作场所的人都是成年人，他们希望成为更高目标的一部分，希望能有一段持续发展的旅程以及他们可以做出有意义的决定的环境。

一个没有安全感、担心或害怕的攀岩者会冒着掉下去的风险抓住山体，而感到安全自信的员工敢于自己做决定，自主发展并为此充满活力。

我们的建议很明确——那就是要用为人父母的眼光来实践自己的领导力。不同的是，你们没有 18 或 20 年的时间来发展出一个自给自足的组织。

- 从放弃过去错误的观念开始。只要组织学会了从错误中学习，错误就是一种投资。错误可以变得有价值，人们应该有足够的勇气和慷慨来分享它们。
- 继续努力在组织内建立信任。通过对话和鼓励参与，通过沟通并明确共同的目的来做到这一点。加强文化建设，从"害怕变化"过渡到"喜欢变化"，再到"热爱变化"，并通过实践培养处理突发事件的能力。
- 用你们选择的价值观和渴望的文化粉刷墙壁，并奖励主动性、责任感、协作、沟通和乐于助人的行为。
- 注重让员工感觉良好，把健康作为优先事项，为员工在工作时的心理和身体健康创造良好条件。
- 寻找合适的时机，退一步海阔天空。不要太早，但绝对不要太晚。时机就是一切，你们可以宣讲公司的雄心壮志，让员工知道从现在起他们也要对这一愿景负责，以此来简化这一过程。
- 思考一下我们已经讨论过的关于投入度和激励的部分。
  - 负责任的体验具有挑战性但并非不可得。这里面蕴藏着很大的价值，你们可以向个人阐明，同时在他可以实际影响的领域给予他辅导。通过放弃那些他无法影响的事情，能量可以被引导到明确的任务上和我们真正能做的事情上。
  - 除了有吸引力的目标和自主权，员工还需要不断追求发展——丹尼尔·平克所说的精通及主观体验：学习、发现、社交、合作、成就、帮助和贡献。寻找驱动组织中大多数人的那些动机，并给员工提供他们正在寻找的东西。
  - 人们在很大程度上需要被看到和认可——我们都需要反馈和认可。

－ 不断寻找新的方法来提高员工的投入度，增加透明度，并提供工具来培养个人之间、集团内部以及各部门之间的横向领导力。

● 在整个组织内实践反馈文化。你要明确自己希望得到反馈，给出比自己收到的还要多的反馈，并且在行动上更加一致。这听起来很艰难吗？你不妨测试一下，同时还要记住：没有人不经过培训就能成为专家，人们需要经历从接受反馈、反思、调整到改进的过程。

如前所述，这不仅仅是领导自己，也不仅仅是领导他人。作为一个领导者，你的工作是带领别人去领导并彼此吸引。为了发展出一个新兴的组织，你的领导力需要带有亲情的气息。请记住：当你们的组织发展到已经不再需要你的时候，你就已经成功完成了你的使命。

第 28 章

关于数字化的总结

我对冲浪的热情超过了对鲨鱼的恐惧。

——贝瑟尼·汉密尔顿（BETHANY HAMILTON）

　　数字革命现在正进入下一个阶段，一切可以数字化的东西都将被数字化。我们一直把这句话当作口头禅来重复，就像你也需要不断重复这句话来传达你的信息一样。当我们唯一知道的是不知道接下来会发生什么时，当发展以指数级速度到来时，仍然会有人对此心存怀疑。我们看不到的东西就不存在？或者说，它真的存在吗？我们可以看到趋势，也可以看到发展。就像海啸一样，一开始并没有水，我们站在沙滩上，把它当作自然现象来研究。到波浪来了，我们有责任摇旗呐喊，尽力教导缺乏数字能力的人。我们有责任尽其所能，将组织真正带入数字时代，而且我们有责任传播数字海啸的到来——不是为了唬人，而是尽我们所能保证组织的生存、发展及成功。

不要让自己固化

　　"所谓设计的作用，就是让你们重新进行自我创造，让公司在旧的方式失败之前找到一个新的成功方式。"耐克公司的首席执行官马克·帕克（Mark Parker）曾如是说。尽管其公司规模很大，但仍然在全球知名商业杂志《快公司》（*Fast Company*）的创新榜上名列前茅。

　　据说一个跑步者在跑 6 英里的时候，每增加 1 千克重量就会多消耗 25 秒的时间，因此每增重 10 千克，每 6 英里就要多用约 4 分钟。然而，一切都取决于我们的训练方式和额外体重所增加的是什么。如果我们以正确的方式增加肌肉，就可以开发我们的爆发力和耐力，而如果我们吃得很胖，就会更快地变得精疲力竭。

每一个有过这样经历的人，或多或少都明白我们的意思。作为一家初创公司，我们一心想改变行业，但随着业务的发展，我们的身体变得越来越臃肿。有一天，我们清醒过来，意识到我们已经失去了敏捷性，而恰恰是这种敏捷性才让我们的速度更快，让我们每个人都朝着同一个目标有组织地工作，让我们因为文化而团结在一起。

大公司有可能变得僵化，就像一个大怪物，最终无法移动或不敢移动。可扩展性曾经是大公司成功的一个因素，但也很可能是阻碍我们进入下一个层次的原因。

考虑到这些因素，也就难怪我们经常被困在旧的轨道上。人们天生喜欢惯常的东西，有时我们会被自己一成不变的生活方式所震惊，这也同样适用于公司或组织。我们宁愿选择安全的赌注，避免意外。改变过去成功的要素是需要勇气的。但是我们担心的问题是"如果它不起作用呢？"，尽管实际上问题应该是"如果它起作用呢？"。我们变得如此害怕失败，以至于忘记了我们最初为何能取得成功。但过去的成功并不能保障未来的成功。过去的胜利已经成为过去。未来就在那里，谁最想拥有未来，谁就要敢于迈出第一步。这里隐藏着对数字化成功的主要威胁之一，即当恐惧战胜了勇气，人们根本不敢做该做的事情。

在发展和创新方面投入资金最多的公司名单上，我们发现有丰田、诺华（Novartis）、罗氏（Roche）和微软等知名公司。但是，当《快公司》杂志对全球 50 家最具创新性的公司进行排名时，许多拥有巨额资金的知名公司却没有出现。这怎么可能呢？麦克斯韦尔·韦塞尔（Maxwell Wessel）在《哈佛商业评论》中给出一个解释：

"一家新创公司的成功是以创始人如何发现问题并提供解决方案来衡量的。创始人围绕这一点，建立了一个组织，其唯一目的是尽可能有效地提供这种解决方案。而现在，成功是以利润和股票价格的增长来衡量的。"

韦塞尔认为，大公司往往会错过新的大趋势，这是意料之中的，因为他们一贯就是要在现有的事情上成为最好，他们每天都以这样的问题开始——我们怎样才能把事情做得更好、更便宜一些？这并没有错，但这么做很少能带来颠覆世界的革命性创新。

与这些尾大不掉的大公司相比，那些挑战市场的小而敏捷的初创公司往往更具有竞争优势。沉重的结构以及建立在悠久遗产基础上的文化，对那些大公司来说是更大的挑战。不过与此同时，大公司也有许多优势，只要组织善于利用机会并设法使变革成为现实，它们可以变得更加成功。

对一些公司来说，现有的业务已经存在于市场上并拥有顾客基础，这可能是非常大的顾客群。初创公司通常只有很少的顾客（如果有的话），而且必须去争取更多的顾客，而成熟公司则可以利用现有的客户并以此为基础获得进一步的发展。

现有的业务很可能拥有不错的现金流，如果处理得当，可以用来为数字化转型提供资金来源。

新的商业模式可以按双模式的方式发展，即新旧并行存在，在必要时甚至可以长期共存。

此外，现有的业务在组织内部也有较长时间的经营经验，有使其运作的员工，可以使用现有的员工去适应新的模式并可以作出贡献。相比之下，初创企业则必须物色新的员工。

挑战现状的方法是做一些快速敏捷的事情。在锻炼身体时，如果我们同时改变饮食和锻炼方式，对准我们的目标优化这些过程，就能获得最佳效果。在这一过程中，我们可能还需要改变态度，下定决心并具备耐力才能取得成功。这适用于我们个人体型重塑，也适用于公司和组织进行转型的情况。

对那些拥有足够资金的公司来说，它们可以去购买小而灵活的小公司，因为这些小公司有创新的解决方案和年轻且有创造力的员工，也可以考虑以同样的方式发展一个子公司，这样做可以比组织内的其他部门发展得更快。事实上，许多最优秀的员工都被吸引到创业公司、创业网络或志同道合者的社群中。

未来属于最渴望拥有它的人

如果你已经读到这一章节，说明你对这本书真的很感兴趣，希望你已经开始了解数字化领导力的内涵。

毋庸赘述，我们实际上已经处在极具挑战性的环境之中，市场前景正在发生变化，变得更加数字化。随着顾客的忠诚度越来越低，全球的竞争变得越来越激烈。同时，要保持员工的投入度变得更加困难。然而，更多的机会是提供给那些看得到并抓得住这些机会的人。数字革命的第二阶段将拉大成功者和失败者之间的距离。通过提升数字化能力和数字化工作场所，为更好、更有效的人际互动创造更多的空间，我们可以向数字化的未来迈进。但要做到这一点，需要拥有数字化的领导力，而许多公司根本还没有做到。

变革的步伐只会越来越快，变化只会越来越多，技术和数字化的影响只会越来越大。出于这样的考虑，现在是时候该真正采取行动迈向未来了。

数字化远远超出了技术的范畴

数字化不仅仅是技术，而是为组织创造条件让客户获得最好的体验，理解这一点是在数字化进程中取得成功的决定性因素。通过此时此刻做出组织要进行数字化的决策，你们将在数字化锦标赛中获得先机。这就是一切开始的时候。数字化更多是关于软件而不是硬件，拥有一个拥抱变化的数字文化是至关重要的。这里需要澄清一下：如果你要在数字化竞赛中赢得冠军，关键不在于硬价值，而在于软价值。因此，我们想围绕推动数字化进程的软价值提供一些结论性的思考。

1. 领导力是关键

数字化进程必须自上而下从顶层开始，从管理团队开始，刻不容缓。我们已经没有时间再谈论数字革命是否存在了，我们需要的是接受事实，数字化时代已经到来。没有时间浪费在否认或抵制上，那些走在前列认真布局数字化进程的公司，将比其他公司更能抢占竞争先机。

数字化转型不会通过指手画脚或下达命令和指令来实现。年轻一代不需要管理者——他们需要一个他们仰望的领导者，一个愿意和他们一起承担数字革命重任的人。

那些有远见的、想做好自己工作的、意识到单打独斗行不通的领导者，才有能力赢得数字化冠军。你们要带着勇气和谦逊的态度要求组织上下加入你们的努力，你们的行动要明确而果断，去帮助那些没有在其他地方找到灵感的人，在这时，领导力就变成一种平衡行为。

2. 陈旧的方式、习惯和惯例不再奏效

我们正处于范式转变之中，旧有的模式不再是解决问题的关键。你们必须敢于质疑一切，发展出对所有世代的员工都具有吸引力的公司。数字化转型是一个必须快节奏推进的旅程。没有那么多时间进行反思，但这是发展的关键之一。因此，你们必须找到新的方法，使你们的日常生活更有效率，这样就可以把时间花在那些真正需要帮助的人身上，也花在你们自己身上。实际上，你自己的转型进程

将至关重要，因为你的变化将激发其他人。领导者必须毫不畏惧地改变思考和行动的方式，形成新的行为，从而真正使组织开始在数字浪潮中冲浪。

3. 文化就是一切，乃至更多

越来越多的高层管理者意识到创造文化的重要性和价值，我们将看到更多的文化 2.0 的例子，在这些例子中，公司尽力营造创业的氛围。年轻的数字化新星对传统死板的公司根本不感兴趣，他们知道自己的价值并希望大干一番事业。在适当的条件下，我们能培养一批忠诚敬业的员工，他们对自己、对团队、对客户和对公司都充满责任感。

数字化转型的本质，既是文化转型，也是结构转型，你们的文化对数字化和变革越拥护，未来将会越成功。在这个快节奏的时代，文化必须通过自身的力量——自我学习、自我引导、自我修正——向正确的方向发展。

4. 情感战胜炫酷的产品

最后，当越来越多的东西变得数字化时，真实的情感和体验变得更加重要。矛盾的是，这世界越是变得数字化，人的因素就越是重要。我们是且将一直是"社会性的人"，需要通过人与人之间的互动来营造良好的感觉。因此，数字和模拟的结合应该是客户体验的前沿和中心。要培养对客户体验的执着，我们必须回到原点，重新认识新生代的价值观、需求和习惯。

现在开启你的数字化转型之旅

让我们回到本书开端的拼图比喻。如果你们面前没有拼图的完整画面，就很难完成这幅拼图。你们必须具备某种结构形式来帮助你们看到全景，而这正是你们需要开始的地方。数字化转型有三个阶段：计划准备阶段、实现阶段以及生存发展阶段。为了对你们有所帮助，我们提供了一个可供遵循的结构。请你们记住，首先要投入时间和精力，形成紧迫感，创建数字愿景，以此为基础制定数字化战略。随后通过沟通并建立忠诚度，吸引并赋能员工，跟随心流意味着以正确的优先次序应对挑战，庆祝胜利并利用它带来的能量。最后，通过自我学习、自我领导和自我修正，使公司生存下去，成长进化，改善提高，蓬勃发展。

转型的关键是获取新知识，是敢于尝试新事物来提升组织的竞争力，同时不断地站在顾客的角度进行审视。在我们与顾客和组织内部进行沟通时，要善于利用人们最擅长的东西——人的情感，同时拥抱变化，成功地营造出新的数字文化。

然而，没有规划的目标只是痴心妄想。作为领导者，你的工作是引领方向，在你身后形成一股团结的支持数字化转型的力量。

犯错误在所难免，你们中途可能会遭遇失败，但通过从错误中学习，并加以修正，你们可以更加成功。采取小步多跑的策略可以不断向前迈进。最后，如果要在数字化竞赛中拔得头筹，那就需要流血、流汗、流泪。最酷的是，这种转型是世界上任何机器人都无法做到的，这完全取决于你和你的团队。

现在，你准备好迎接挑战了吗？哪怕前路充满艰难险阻，你也有勇气在数字浪潮中披荆斩棘？

后 记　████

来自作者乔纳斯·哈马贝格（Jonas Hammarberg）：

感谢所有给予我信心和支持的人，是你们让我在数字化领域有所作为，这无疑是最令人激动、最具发展前景和价值的领域。我们携手用 5.5 万个小时共创的一些工作成果，已经化为本书中的精彩内容和精辟见解。

凯蒂、拉斯姆斯、萨姆和科林——感谢你们的陪伴，感谢你们给予我的爱与尊重。

来自作者阿拉什·盖伦（Arash Gilan）：

本书中我所写的一切内容都离不开我的同事们的贡献。与此同时，我无限感激我的母亲，她有着了不起的力量和勇气，当年带着年幼的我们来到瑞典，让我们有机会获得自由和诚信的生活。

最后，我要感谢我心爱的约翰娜——是你和孩子们让我成为更好的自己。

数字化术语

3D-Secure　3D-Secure 支付验证服务是一项协议，是为了加强网上支付的安全性和减少欺诈风险而开发的。3D-Secure 增加了一个验证步骤，用户必须在网上支付时使用一个密码。该技术被信用卡公司使用，如 Visa 的 Verified by Visa，MasterCard 的 MasterCard Secure Code。3D-Secure 一词代表 "三域安全"（3 Domain Secure），这意味着在这个过程中包括三个部分：公司和他们的银行，发行信用卡 / 借记卡的银行，以及支持 3D-Secure 的基础设施。

A/B 测试　比较一个网站的两个版本的方法，以确定哪一个表现最好。该方法可用于衡量设计变革的效率，或提高网站的转化率。

人工智能（AI）　人工智能是一种计算机系统或机器人以人工的方式展示智能行为，模仿人类得出结论和解决问题的能力。与构建这些特殊计算机系统相关的研究领域包括信息技术、数学、逻辑学、脑科学等。这样的计算机系统可以和人类一样快，甚至更快，而且更全面。

大数据（Big Data）　是指从数字渠道不断产生的全面而详细的信息（数据）的统称。当数据被提炼和分析后，它可以提供有价值的见解，帮助公司做出战略决策，从而增加利润或改善运营。这一术语也被用来表示提炼数据所需的技术。

生物识别技术（Biometrics）　生物识别技术（来自希腊语 bios，意为生命，以及 metron，意为测量）是通过电子方式测量身体的各个部位来识别一个人的数学和统计的方法。这些方法基于个人独特的身体或行为特征，如指纹、眼球运动、声音或走路方式。该技术主要用于身份识别和监视。

比特币（Bitcoin） 一种可以在线支付的数字货币。该货币不受中央银行等中央化发行机构的控制，因此不会受到政治决策的影响。支付是在同等的人们之间直接完成的，没有中间人，可以匿名支付。

密码学是比特币安全的基础，因此它被归类为加密货币。

内容营销（Content Marketing） 营销方法，重点是通过编辑内容进行广告宣传，并针对目标群体定制内容，以提高转化率。

转化（Conversion） 在数字营销中，转化意味着用户执行了一个可衡量的行为，这与广告商的活动目标相一致。例如，这可以是对广告的点击，或对产品的购买。

每次点击成本（Cost Per Click，CPC） 说明广告点击成本的一种成本模式。

千次浏览成本（Cost Per Mille，CPM） 一种广告成本模式，即广告商在其广告被展示 1000 次时支付一次费用。CPM 说明了一千次广告浏览的成本。

每次观看成本（Cost Per View，CPV） 决定在线视频广告成本的成本值。广告商根据浏览量和与该视频相关的其他潜在广告的结果付费（例如点击横幅广告）。

转化率优化（Conversion Rate Optimization，CRO） 转化率优化的目的是使网站对用户更加友好，从而使更多的访问者成为顾客。网站的优化是基于对数字营销举措的分析。

跨设备（Cross Device） 独立于平台的广告，以便在整个购买过程中触达用户。这可能意味着通过电脑、平板电脑或手机投放广告。

行为号召（Call to Action，CTA） 一行文本，如一个问题或一个陈述，用来促使读者按照特定的方式行事。例如，通过 CTA，广告商可以激励用户注册时事简讯、使用折扣优惠、联系公司或参加活动。

点击率（Click-Through Rate，CTR） CTR 用于衡量数字营销活动的结果，并说明点击广告和看到广告的用户数量之间的关系。测量方法是将点击广告的用户数量除以看到广告的用户数量。

展示广告（Display advertising） 在一个或几个网站上做广告，目的是推销信息或为网站带来流量。广告可以采用不同的格式，包含文本和图像，还有更高级的功能，如视频和声音（所谓的富媒体）。

颠覆性创新（Disruptive innovation） 一种带来巨大变化、颠覆当前市场的创新。一种改变现状并打败了市场原有领导者的产品或服务。

HTML5 HTML（超文本标记语言）是一种编程语言，用于描述网站的内容和设计，是网络浏览器所读取的语言。HTML5 是 HTML 的第五次修订版，它提供了一个通用界面，使网站的不同部分更容易加载，包括以前只能用 Flash 看到的功能。有了通用的界面，以及对网站如何解释得更清晰的描述，其目的是避免为特定网络建立的网站在另一个网络浏览器中不能正确加载。

集客式营销（Inbound Marketing） 营销的目的是使公司曝光，并通过赚取访问者的注意力而不是通过外部渠道的广告（推式营销）来获得访问者。这通常是通过提供一些有趣的、有指导意义的或娱乐性的东西，通过电子邮件营销、博客、动态影像、社交媒体和搜索引擎优化（SEO）来实现。

物联网（Internet of Things，IoT） 一个术语，指的是一个物品，如机器、家用电器、车辆，甚至动物和人，都配备了内置的计算机，可以将数据传输到网络，并与世界其他地方通信。这为采取有效措施和改善商品以及服务的用户体验创造了条件。

关键绩效指标（Key Performance Indicator，KPI） KPI 是用于评价一个公司，或一个组织及其运作的某些数字指标。在数字营销中，它是一个衡量值，用于决定网站的目标是否已经实现。

多渠道营销（Multichannel Marketing） 通过多个渠道进行营销，旨在通过顾客选择的渠道和平台接触目标群体。这些渠道可以是电子邮件、社交媒体、移动广告或一个活动。

原生广告（Native Advertising） 指在一个网站上做的广告，其外观和功能与网站的正常内容相一致。一个典型的原生广告的例子是赞助文章，看起来好像是网站提供的社论文章的一部分。

自然搜索（Organic Search） 搜索引擎结果页上的搜索结果，不受付费广告的直接控制。自然搜索结果是基于网站与搜索的相关性。一个网页在自然搜索结果网站上的位置可以通过搜索引擎优化来提高。

每次点击付费（Pay Per Click，PPC） 广告商只为产生点击率的广告付费。这种模式在购买搜索引擎结果页上的赞助广告时使用。

实时分析（Real Time Analytics，RTA） 根据用户的实时活动，对系统中登记的数据进行分析和报告。

重定向（Retargeting） 也叫再营销。旨在接触那些已经离开网站但未购买的访问者的在线营销。这是通过在访问者的网络浏览器上以 Java 脚本的形式放置一个像素（cookie）来实现的，与访问网站的用户相连接。然后，当访问者继续访问其他网站时，该 cookie可以跟随并触达访问者。例如，该技术被用于展示广告，当访问者在浏览其他网页时，营销者的横幅广告会显示在访问者面前。

投资回报率（Return on Investment，ROI） 成本和利润之间的关系。通过计算广告成本占创造利润的投资成本的百分比，广告商可以计算出广告活动的价值。

实时竞价（Real Time Bidding，RTB） 一种通过实时拍卖购买和销售数字广告的方法。广告商对浏览量进行竞价，如果竞价成功，广告商的广告就直接显示在发布商的网站上。拍卖通常由数字广告交易所或通过发布商的平台（供应方平台，SSP）进行管理。

覆盖率（Reach） 看到数字广告的独立用户的数量。

搜索引擎营销（Search Engine Marketing，SEM） 提高网站在搜索引擎结果页上所选单词和短语的排名的方法。这可能意味着PPC广告和搜索营销。

搜索引擎结果页（Search Engine Results Page，SERP） 在搜索引擎上进行搜索所产生的结果页。

搜索引擎优化（Search Engine Optimization，SEO） 搜索引擎优化涉及建立或调整一个网站，以便使其在搜索引擎的结果页上排名靠前。搜索引擎优化的目的是为了增加来自必应等搜索引擎的网站流量。

共享经济（Sharing Economy） 通过租赁、借用或交易等方式共享商品或服务的在线服务。这方面的例子有爱彼迎和优步。

声音份额（Share of Voice，SOV） 广告空间被分给几个广告商，每个广告商为一定比例的浏览量付费。

创业公司（Startup） 以创新和增长为特征的公司或创业举措。公司通常从概念到财务收益都处于早期阶段。该术语首先用于科技行业。

代币化（Tokenization） 用于数据安全领域，描述敏感信息或数据被独特的符号——令牌——取代的过程，这些符号不会显示数据的价值或意义。要获得原始数据，需要对令牌系统进行特定的访问——创建令牌并可识别令牌的系统。该技术可用于提高银行交易或投票登记等方面的安全性。代币化在电子商务中很常见，与信用卡支付有关。

用户体验（User Experience，UX） UX，或称用户体验，描述人在与产品或服务互动过程中的体验，包括情感和态度。对用户体验的要求包括产品或服务要满足用户的需求，简单易用，有效和美观。

用户界面（User Interface，UI） UI，或称用户界面，描述了

人类和机器相遇的环境。这个术语被用来描述信息——技术设备应该如何设计以达到所希望的结果。

虚拟现实（Virtual Reality，VR） 由计算机生成的虚拟现实环境，其呈现方式使用户体验到它是真实的。通常情况下，VR 会影响两种感官——视觉和听觉，但也有影响我们触觉的设备。该技术通常用于训练或在游戏中呈现一个环境。

可穿戴技术（Wearable Tech） 可穿在身上的技术。该技术通常内置于戴在手腕、脖子或脸上的配件或衣服中。通过使用传感器或扫描，可穿戴设备可以收集信息并测量脉搏、温度、运动、距离或速度等。然后，这些信息可以通过无线方式传达给另一个设备，如智能手机。可穿戴设备的例子有苹果 iWatch、Galaxy Gear 和 Oculus Rift 等。

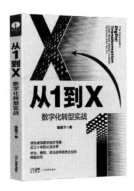

《从 1 到 X：数字化转型实战》

ISBN：978-7-5454-8154-9
定 价：79.00 元

华为资深数字技术专家近三十年的从业经历分享，华为、腾讯、亚马逊等优秀企业的转型经验总结

《消亡：传统企业数字化转型》

ISBN：978-7-5043-8877-3
定 价：69.00 元

璞砺营销咨询公司（Publicis Sapient）首席执行官，引领超 20000 多名员工的公司，为世界上 500 强企业转型提供数字化咨询

《数据思维：人人必会的数据认知技能》

ISBN：978-7-5454-8136-5
定 价：79.00 元

全球数据认知素养之父乔丹·莫罗重磅作品，Google 数据专家克里斯蒂娜领衔推荐

《消费类企业数字化转型》

ISBN：978-7-5169-2538-6
定 价：79.00 元

全面建立消费类企业数字运营的系统认知，深度解读 6 大数字前沿应用场景